欧洲冰雪项目发展启示录

——北京体育大学2018年冰雪项目骨干教师（教练员）法国研修班

学海拾贝

北京体育大学人事处（教师工作部） 编

北京体育大学出版社

策划编辑：赵海宁
责任编辑：赵海宁
责任校对：朱燕春
版式设计：杨 俊

图书在版编目（CIP）数据

欧洲冰雪项目发展启示录：北京体育大学2018年冰雪项目骨干教师（教练员）法国研修班. 学海拾贝 / 北京体育大学人事处（教师工作部）编. — 北京：北京体育大学出版社, 2018.12
ISBN 978-7-5644-3144-0

Ⅰ. ①欧… Ⅱ. ①北… Ⅲ. ①冰上运动－基本知识②雪上运动－基本知识 Ⅳ. ①G862②G863

中国版本图书馆CIP数据核字(2018)第301219号

欧洲冰雪项目发展启示录 **北京体育大学人事处（教师工作部） 编**

出版发行：北京体育大学出版社
地　　址：北京市海淀区农大南路1号院2号楼4层办公B-421
邮　　编：100084
网　　址：http：//cbs.bsu.edu.cn
发 行 部：010-62989320
邮 购 部：北京体育大学出版社读者服务部 010-62989432
印　　刷：北京九州迅驰传媒文化有限公司
开　　本：710mm × 1000mm　1/16
成品尺寸：170mm × 228mm
印　　张：12.875
字　　数：175千字
版　　次：2018年12月第1版
印　　次：2018年12月第1次印刷
定　　价：60.00元

编者按

为全面服务教育强国、体育强国和健康中国建设，更好地为2022年北京冬奥会提供人才智力支持，在国家外国专家局和国家体育总局大力支持下，北京体育大学于2018年8月举办了两批次的冰雪项目骨干教师（教练员）赴法国研修班。参加本次培训班的学员主要由来自教学科研单位和教科训等政职能部门的47位教师组成。

本次培训综合运用了专家讲座、实地考察、现场教学、研讨和撰写培训总结等方式，共分为两个阶段。第一阶段，学员们在北京体育大学法国夏斗湖校区进行了为期两周的理论学习，聆听了国际滑雪联合会秘书长萨拉·露易斯（Sarah Lewis）、世界冰壶联合会主席凯特·凯斯内斯（Kate Caithness）等人的精彩讲座，并对夏斗湖市市政府和体育运动之家进行了考察；第一阶段，学员们在法国阿尔贝维尔市实地考察了当地的冬奥会比赛/训练场馆、冰球俱乐部、高山滑雪场地、冬奥之家、登山滑雪学校等。总体看，本次培训内容丰富、形式多样、务实高效，通过对冬季项目教学科研、运动训练、赛事管理、场馆运营和人才培养等主题的理论学习，以及对法国冬奥会场馆、场地的赛后利用及相关俱乐部的实地考察，进一步加深了北京体育大学骨干教师（教练员）对冬季运动项目的理解和认识，切实提高了他们对冬季运动项目的教学、训练和科研能力，从而为2022年北京冬奥会的组织筹备以及我国冬季运动项目可持续发展储备了高水平人才。

学员们对本次培训的讲座、考察及访问内容进行了认真的记录、整理，并以这些材料为基础，结合个人专业背景和工作领域，撰写了培训总结。为使更多人了解国外冬季运动项目的发展现状，学习法国冬奥会组织筹备的有益经验，我们特将学员的培训总结、课堂笔记整理成书。其中，培训总结汇编取名“学海拾贝”，意在学海无边，仍需探索；课堂笔记汇编取名“他山之石”，意在求学先进，提升自己。衷心希望各位读者能够从中有所发现、有所领悟、有所创新，与我们共同推动中国体育教育事业的发展进步。

本书的整理出版，得到了国家体育总局、北京体育大学领导的高度重视和北京体育大学出版社的大力支持，在此一并致以衷心感谢。

目　录

发展概况

管理机制

教学研究

人才培养

创新理念

实证调研

交流感悟

发展概况

关于冰雪运动在中国发展的启示与思考

科技处　朱晓兰

2018 年 8 月 6 日—26 日，我有幸参加了北京体育大学 2018 年冰雪项目骨干教师（教练员）赴法国研修班的学习。学习期间，听取了各位冰雪项目的国际专家学者和国际滑雪联合会秘书长、世界冰壶联合会主席等官员的授课，学习内容包括从社会历史学角度探讨奥林匹克运动的政治因素、冬季体育的营销与推广、从社会经济学视角看待冬奥会、高山滑雪运动现场与实验室技术诊断等，使我多角度了解了冰雪项目的历史与发展及奥林匹克运动的内涵。同时，全班实地参观和学习了阿尔贝维尔（Albertville）[1]冬奥会之家、奥林匹克滑冰场、圣热尔韦勃朗（Saint Gervais Mont-Blanc）的滑冰场和滑雪场、法国国立登山滑雪学校等主要场馆、学校，了解了冰场、雪场的冬奥会建设、使用及运营等情况。通过 20 天的培训，我收获颇丰。

[1]　本书中涉及国外部分城镇地名，其中一部分地名在国内较少见，暂无标准译法，故采用音译法直译并在译文后括注原文。对于国内已公认的译名，如巴黎、罗马等，不再括注原文。特此说明，全书下同。

一、体育特色小镇与冰雪运动发展的互相促进

住房城乡建设部、国家发展改革委、财政部颁布的《关于开展特色小镇培育工作的通知》中提出，我国“到2020年，培育1 000个左右各具特色、富有活力的休闲旅游、商贸物流、现代制造、教育科技、传统文化、美丽宜居等特色小镇”。体育特色小镇作为特色小镇的一种，如何将体育作为载体，聚焦文化、旅游、养老、金融等，发展运动、休闲、娱乐等多产业，是摆在我们面前的实际问题。

此次参观学习的法国夏莫尼，因坐落于欧洲“屋脊”阿尔卑斯山最高峰——勃朗峰（Mont Blanc）脚下而闻名，是第一届冬季奥林匹克运动会（1924年）的举办地。夏莫尼地区自然条件得天独厚，每年从9月开始进入雪季，一直延续到来年4月。夏莫尼附近的大型滑雪场有13家，拥有上百条雪道，雪道总长100多千米。市区常住人口9 000人，山谷中常住人口1.4万人，年均可接待游客9万人。勃朗峰和体育运动是夏莫尼城市发展的主要动力。除了举办过第一届冬奥会外，还包括勃朗峰山地越野赛、攀岩世界杯和高山滑雪世界杯等吸引全世界爱好者的大型体育赛事。每年的体育赛事将会吸引超过10万名运动员和观众来到夏莫尼，极大地带动了当地的旅游、文化、健康等产业的发展。

正如迪杰·拉丰（Didier Lafond）教练在授课中提到的，滑雪运动对当地经济发展有巨大促进作用。法国总人口约为6 700万，冬季旅游人数达1 000万，其中有700万人的旅游项目与滑雪运动相关。法国250个冬季滑雪站可提供12万个就业岗位。2016—2017年，法国滑雪站的投资为3.12亿欧元，出口滑雪设备和管理收入达20亿欧元，每支出1欧元便可带来其他方面6欧元的收入。同时，法国的滑雪站在管理制度建设的规范化和标准化方面都有较大的优势，运行管理的资金使用受到政府的严格监管，保证了资金的安全和使用效率，这些经验和优势值得中国学习和借鉴。

随着我国经济的快速发展，城镇化建设以惊人的速度开展。体育特

色小镇在空间上相对独立发展，核心是体育产业，有适宜的自然生态环境、丰富的人性化交流空间和高品质的公共服务设施。类比河北崇礼太舞冰雪特色小镇，根据其地理位置与气候特点，可在雪季开展冰雪类活动，非雪季则可利用良好的户外山地条件，开展山地自行车、徒步、攀岩等活动。结合自身特质，找准产业定位，科学规划，将小镇特有的自然环境与人文资源融合，配以完善的基础设施与配套服务，有计划地实现运动项目产业“产、城、人、文”四位一体的有机融合。

二、科技在冰雪项目发展中的重要作用

阿尔贝维尔冬奥会之家是在奥运会举办之后创建的一个博物馆，展示了 1992 年 2 月在萨沃伊（Savoy）举行的奥运会的各个方面以及其他与奥运会相关的展览。展览中包括开幕式的各种服装、道具，冬奥会的照片与影像资料，各项目冠军得主和运动中的关键技术等。其中，充满科技含量的高山运动器械装备和相关技术吸引了大家的目光。在人工智能、大数据分析和可穿戴设备等高科技技术迅猛发展的今天，科学训练和科学研究已成为高水平竞技运动员提高运动表现和竞赛成绩的重要因素。通过测试仪器，对运动员各方面身体机能进行监控与分析，科学合理地设计训练负荷和方法，通过智能化设备降低损伤的风险，使用符合运动学、动力学原理的运动器械，使已处于高水平状态的运动员突破身体的极限，表现出顶级的运动水平。

科技同时也存在于办赛中。2018 年平昌冬奥会以“新视界”为专题，将机器人应用到了各个方面。除了将名叫 HuBo 的人形机器人作为一名火炬手传递圣火以外， 在开幕式上，1 218 架英特尔无人机表演了滑雪人形和奥运五环；在奥运村、媒体村和各个场馆，共有 11 种类型的 85 台机器人，提供指路、清洁、送水等服务；在各交通要点和场馆中，附带有可翻译 8 种语言的人工智能翻译软件的机器人，不仅能识别语音，还能阅读并翻译图片中的文字。此外，赛会采用 VR 直播的形式，提供

全新赛事观赏方式。

因此，我国竞技体育也需打破原有的传统思维，以科技助力作为备战奥运训练的主要突破点，加强高水平运动员的科学化训练。同时，以科技冬奥重点项目为抓手，积极运用现代科技特别是信息化、大数据等技术，提高赛会运行保障和服务效率。

三、完善各类冰雪运动体育人才的培训体系

法国国立滑雪登山学校（ENSA）建于1946年，其办学目标是“发展和提高山地运动水平，研究和分析山岳安全风险，训练高水平运动员。”该校在登山和滑雪人才培养方面有着严格的培训、考核、认证体系，主要是培养滑雪人才和高山向导。每年能培训出约350个有资格认证的滑雪指导员和约50个有资格认证的高山向导。两类培训均需花费400多学时甚至更多。除这两类培训之外，还提供滑翔伞教练、高山滑雪救援队、运动生理监测和研究、高山设备的检测、国家安全监测等多种与高山运动相关的培训。这些人才的培训与认证，为高山运动的专业性、科学性、安全性、娱乐性提供了专业保障。其中值得关注的是，该校颁发的认证资格被国际冰雪指导员联盟承认，只有获得认证资格的教练员才能在联盟国范围内执教。

我国冰雪运动发展时间较短，地理与气候因素也导致缺少冰雪运动的天然自然资源。因此，大多雪场冰场的配套设施和服务链并不完善，一般只提供场地、服装、滑雪用品租赁及零散的教练员团队指导服务，并没有专业的配套学校，以及系统的教学课程和教学配套管理设施。这对国内大众冰雪运动的发展和建设国际知名滑雪胜地也是极为不利的。研究发现，我国优秀的冰雪运动人才培养主要存在的问题之一，即是缺乏优秀的“训教兼修”教练员。教练员的资质培训、认证与上岗是否规范，直接影响竞技体育和大众冰雪运动的发展。我国的冰雪运动教练员大多是退役的专业运动员，在执教上岗前并未经过系统培训学习，执教的内

容和水平来自其运动员生涯对运动技术的理解和个人专业能力。在竞技体育执教中，面对的是有一定运动基础的专业运动员，运动员对教练员的指导会经过个人的理解与思考。但在大众冰雪运动中，教练员面对的是毫无运动经验与经历的普通人群，如何在安全的前提下教授专业的技巧，需要教练员具有系统的知识储备。

随着 2022 年冬奥会的临近，我国在冰雪运动产业发展方面的扶持力度也不断增加。国家体育总局、发展改革委等 4 部门联合印发了《冰雪运动发展规划（2016—2025 年）》、北京市人民政府发布《关于加快冰雪运动发展的意见（2016—2022 年）》分别从战略上和区域规划层面提升了冰雪运动发展的地位，探索了地方冰雪运动开展的策略与路径。这些政策的出台，极大地促进了我国冰雪运动的普及与发展。因此，我建议尽快成立中国冰雪运动指导员联盟，建立和完善各类冰雪运动体育人才的培训体系。教练员获得资格认证后方可执教。同时，根据联盟的职业评级，判断该教练员可以执教的级别队伍。按照国际上 40 个冰雪指导员联盟成员国“获得国际冰雪指导员资格的教练员可以在 40 个冰雪指导员联盟国的任何一个国家任教”的规则，在保持我国冰雪运动教练员队伍的专业水准的同时，为更多的退役运动员提供就业出路。

管理机制

体育中的资源优化配置及复用

体育商学院　杨建荣

2018年8月6日至8月26日，受学校派遣，赴法国参加有关冰雪项目的学习。21天的时间是短暂的，虽然每天学习及参观考察有关冰雪项目知识及体育场地等，十分忙碌，但我还感觉有很多东西要学，也确实体会到了冰雪项目的魅力。

临行前，曹卫东书记提出的几个要求：备战冬奥，服务学校办学转型，每个人的能力、素质的提升。应该说，整体的团队做到了，作为个体因为专业差异等原因，在备战冬奥、服务办学转型等方面达到要求的广度和深度有所差别。

以下主要从我体会较深的资源优化配置及资源复用方面谈谈看法。

一、梅杰夫体育运动中心

梅杰夫（Megève）体育运动中心为国际赛事提供专业服务，以及为城市居民，尤其是学生的体育运动提供保障及服务。

体育馆设施除了为参加赛事的运动员提供训练保障等服务外，还供学校、各类体育俱乐部等使用。对于当地居民，一些设施是免费提供使用的，还有一部分是以十分优惠的价格收取费用的。

梅杰夫体育运动中心

（一）资源复用

体育馆的资源复用体现在：为一些参加赛事的运动员提供训练保障等服务；为群众体育服务——对于当地居民，一些设施是免费使用，还有一部分是以折扣价使用的。

一些场地的一场多用及一场复用体现在：篮球、网球、羽毛球和手球等共用一个场地，为提高场地使用效率提供了可行性。

体育场馆的多用途复用场地

冰球场

（二）能量的循环复用

冰场制冷散热和游泳池水温加热结合，实现环保循环及热能的再利用。环保循环、废热再利用，因为要协调好冰场制冷散热及游泳池水温加热的需求时机，所以增加了管理上的难度。

（三）场地复用

一些游泳池及运动中心的场地复用：如游泳池空闲空间举办了画家的画展。在通过防水处理后，举办画展既利用了部分闲置的空间，也为提升游泳运动中心的文化形象带来了实际的好处。

（四）一个典型的体育运动之家概况

体育运动之家既满足了青少年体育培训和体育运动推广，也满足了当地及附近大众体育活动场地需求。

体育运动之家属于省一级体育机构，主要面向大众，针对青少年的体育培训和体育运动推广。运动之家有 3 000 名学生。

体育设施包括以下几类：

（1）健身器械和健身房；

（2）环形自行车赛道；

（3）草坪比赛场；

（4）游泳池；

（5）140 米小型高尔夫球场。

二、伊泽尔谷雪场

伊泽尔谷（Val d' Isè re）是滑雪旅游胜地及重大冰雪赛事举办地。伊泽尔谷原来是一个小村庄，后来逐步演变为滑雪场，也是欧洲最古老的滑雪站之一。1930 年以前，它还是个很小的自然村庄。1938 年，来自巴黎的企业家与伊泽尔谷市市长会面，商谈发展滑雪事业。1940 年，第一根上山索道建成使用，随后滑雪学校建成，开始接待旅游客人，逐步发展成世界知名的滑雪赛事举办地及滑雪旅游胜地。1948 年的瑞士圣莫里茨（St.Moritz）冬奥会，来自伊泽尔谷的运动员获得了世界冠军，这对提高伊泽尔谷知名度有很大的帮助。1964 年冬奥会，伊泽尔谷又出了两个奥运冠军。这些都帮助伊泽尔谷提高了其作为滑雪胜地的知名度。

1992 年冬奥会的滑雪比赛在伊泽尔谷举行。这里也是 2009 年世锦赛的比赛场地。由于成功举办这些比赛，伊泽尔谷滑雪站成为欧洲排名前十的滑雪站。

在非高峰季，伊泽尔谷有 1 700 人，夏季高峰时有 3 万人，来自世界各地的滑雪爱好者济济一堂。这里有米其林星级餐厅，也有高端的体育装备商店。缆车是全世界最先进的，很少有排队现象。由于性价比高于其他同类滑雪场，故 95% 的游客是来滑雪的。每年，该地区入住量达到 150 万人次，滑雪游客数量达到 135 万人次，上山游客数量有 400 万人次。

伊泽尔谷雪场索道

与美国的综合滑雪服务体不一样，伊泽尔谷的商店、饭店、酒店等服务和缆车公司是分开的。缆车由一家公司经营，其他服务由市政及村庄经营。

伊泽尔谷雪场是法国乃至欧洲的滑雪精英汇集地。由于具有高质量及充沛的雪，故来自世界各地的高水平运动员在伊泽尔谷训练，也有世界各地的滑雪爱好者在这里旅游度假。伊泽尔谷举办了200多次雪上的世界杯赛事，世界上没有其他滑雪场拥有这个荣誉。伊泽尔谷是世界冠军风姿展现和村庄自然风光的结合。由于独特的地理特色，伊泽尔谷也是唯一可以清晰观看滑雪比赛全程的滑雪场。

伊泽尔谷除了举办奥林匹克及世界杯赛事外，还举办很多地区及全国大型比赛。

伊泽尔谷滑雪俱乐部组织了很多比赛，同时负责技术及后勤保障工作，推动了业余滑雪的发展。每年10月，有来自世界各地的孩子到伊泽尔谷参加训练，他们中有一部分会成为未来的世界冠军。伊泽尔谷及滑雪运动的发展，是60多年来各方共同努力的结果。

伊泽尔谷缆车公司运营经理亚历山大·布依（Alexandre Bouet）和官办滑道公司经理塞德里克（Cèdric Bonnevie）

伊泽尔谷及滑雪发展主要来源于需求及热爱。

伊泽尔谷有 42 个上山的缆车，1 个有轨缆车。风大时，使用有轨缆车以降低风险。下山滑道有 75 个。650 门雪炮为 1/3 的滑道提供雪源，另外 2/3 的滑道用天然雪。

滑雪缆车经营有三个重要事项：安全运送游客，保障客人运送的流畅性（尤其是比赛期间），提供优质的接待及售票服务。

其中，安全是核心和重中之重，对雪场声誉有非常大的影响。

市政府安全处及滑道公司负责滑道平整，道上安全指示牌、信号牌的设置处理，事故救援现场处理等。雪多时，要提前进行人工雪崩以消除隐患，避免事故发生。

滑道开放与否由市政安全部门负责。日常需按规定进行维护保养，每天开放前，滑道准备员、缆车员及市政府安全人员都要进行安全检查。

卫生间及休息室的维护非常及时，卫生间非常多，且是免费提供。

紧急救援不免费，可以在 50 欧元的每日滑雪消费外再购买 2.5~3 欧元的雪场保险。

三、总　结

在现代社会中，资源的复用实现了能源及其他社会资源（智力、场地、水等）的节约。例如，军民融合通过把国防和军队现代化建设工作融入经济社会发展体系之中，进而全面推进经济、科技、社会、教育等各个领域的融合。以更广的范围、更高的层次、更深的程度把国防和军队现代化建设与社会经济发展结合，为实现国防和军队现代化提供丰厚的可复用资源和持续发展的动力。军民融合，如军用产品及技术与民用产品及技术的复用使得军事支出及民用支出的复用部分技术投入降低了，其他生产、研发等成本也得到了控制。再如工业生产的炼钢企业的上下游、产品链、制造各环节的打通，大大地节约了重复工序及运输存储的能源消耗。这些技术或复用例子也广泛地运用于体育，如冰场制冷散热和游泳池水温加热结合，实现环保循环及热能的再利用；各种运动场地的多功能综合利用等。这些实践为大众体育及竞技体育发展提供了更多的动力及资源。

对 2022 年北京冬奥会场馆赛后运营的思考

体育商学院　谌莉

冬奥会是世界上规模最大的冬季综合性运动会。2015 年 7 月 31 日，北京成功获得 2022 年第 24 届冬奥会的举办权。在冬奥会的筹备工作中，各类冬季项目的比赛场馆建设是重中之重。赛前建设时要投入巨额资金，这就意味着不仅比赛时要使用，还要在赛后能够得到良好的利用。对于我国 2022 年冬奥会来说，场馆如何能够在赛后进行合理改造保持可持续发展，并能够继承和发扬奥运遗产，显得尤为重要。

借鉴 2008 年夏季奥运会场馆建设与赛后开发利用的经验，我国在 2022 年冬奥会场馆建设方面早期就进行了科学规划设计和布局。在地理分布方面，建设多个赛区，有利于提升当地冬季运动场馆的条件，促进当地冬季运动项目的开展，带动更多的人参与冰雪运动，同时避免了奥运场馆过于集中的问题，分散了赛后的运营压力。在选址方面，考虑四季经营的需求进行具体选址，尽量增加赛后开发利用的价值。在投融资方面，通过多样化的投资方式，冬季奥运场馆建设正在有条不紊地进行。在建设理念方面，坚持在满足冬奥会的基本需求的前提下尽可能采用临时场馆的建设以及现有场馆的利用。为了更节约资源，目前场馆有新建的，有在现有基础上改建的，有采用临时场馆的。文献资料显示，2022 年北京冬奥会计划使用场馆 25 个，其中北京赛区有 12 个场馆，其中包括 8 个现有场馆、3 个新建场馆、1 个临时场馆；延庆赛区有 5 个场馆，3 个新建场馆、2 个临时场馆；张家口赛区有 8 个场馆，2 个现有场馆、4 个新建场馆、2 个临时场馆。其中，现有和新建场馆为 20 个。这么多的场馆造价高昂，赛后的运维费用不菲。因此，有必要考虑冬奥比赛场馆在赛后如何开发利用。

2018 年 8 月，通过考察法国冬奥会部分比赛和训练场馆（包括阿尔贝维尔奥林匹克滑冰场、梅杰夫奥运滑冰场和滑雪场、圣热尔韦勃朗的滑冰场和滑雪场）的赛后开发与利用，笔者希望能够总结其经验，对我国冬奥会赛后场馆的运营有一定的借鉴意义与启发。

一、考察的法国冬奥会部分比赛和训练场馆发展现状

（一）场馆建设改造情况

法国虽然举办过 3 届冬奥会（分别是 1924 年、1968 年和 1992 年冬奥会），但最近的一届也是 26 年前。由于冬奥场馆建设时间比较早，故在赛后利用的过程中出现了各种问题，如难以满足现有消费者新的需求，场馆空间布局不合理，运维成本居高不下等。

在考察中发现，阿尔贝维尔奥林匹克滑冰场和圣热尔韦勃朗的滑冰场都由政府出资对其基础设施进行不断地更新和改造。1990 年建成的阿尔贝维尔奥林匹克滑冰馆可容纳 9 000 名观众，1992 年阿尔贝维尔第 16 届冬奥会冰上项目比赛在此举办。2005 年虽已经进行过全面改造，但主馆常年闲置。2018 年又对主馆进行改造更新，至今尚未完成。梅杰夫滑冰场始建于 1968 年，曾是第 16 届冬奥会的训练场，如今已经发展

成阿尔卑斯山最大的综合性体育中心，总面积达到 35 000 平方米。梅杰夫市政府每年投入 900 万欧元用于梅杰夫体育运动中心场馆维修，运动中心还计划扩建新馆。另外，关于圣热尔韦勃朗的滑雪场，1924 年夏莫尼冬奥会在这里进行了比赛，1935 年搭建了登山缆车。通过多年发展和不断改造，目前滑雪场设施非常完善，是世界知名的滑雪胜地。

（二）管理主体

此次考察的法国冬奥举办地部分比赛和训练场馆都直属于政府，其运营费用由政府公共财政承担。其中，室内馆或运动中心是政府直接运营管理，滑雪场的部分职能外包。阿尔贝维尔奥林匹克滑冰场，由于当地人少，场馆经营不善，政府曾犹豫是否改作他用，但最后决定重新规划并拨款改建，将冬奥中心搬迁到这里，整合奥运遗产，扩大其影响力。圣热尔韦勃朗的滑雪场归政府所有，但其缆车业务直接由缆车公司承担服务内容，双方独立运营但又彼此合作。

（三）场馆功能定位

考察中发现，这些场馆具备举办高水平赛事的服务能力，但平时主要以开展大众体育运动、休闲及配套服务以及场馆租赁等活动为主。作为政府所属的体育场馆，提供公共体育服务是其主要任务，社会公益性与经营兼顾，社会公益性特征明显。

首先，为青少年体育活动提供免费或低价的场地或教练服务，积极开展各类体育活动，促进冬季运动项目的开展，培养体育人才。这些场馆均对本地 18 岁（部分为 17 岁）以下的青少年免费开放，目的是吸引更多的青少年参与冬季运动，推广冬季运动项目。场馆与当地的青少年体育俱乐部（如冰球、冰壶、花样滑冰等俱乐部）建立紧密联系，免费或低价提供场地给体育俱乐部，有的还负责青少年俱乐部的部分训练与常规比赛。青少年体育俱乐部经费主要由政府进行财政补贴，还有少量的会费收入。青少年只需缴纳少量会费即可加入体育俱乐部，参与各类冰雪体育运动。以阿尔贝维尔滑冰场为例，冰球俱乐部的会费一年只需150欧元，3岁以上的孩子即可参加。体育俱乐部负责请教练，承担发展青少年体育的重任。比如圣热尔韦勃朗滑冰场，在2004年为了使花样滑冰运动重新发展起来，特别聘请了原2008年花样滑冰世界冠军伊莎贝尔女士当教练，使当地花样滑冰训练的水平得到迅速提高，会员们在法国花样滑冰比赛中屡次夺冠。花样滑冰运动在当地受到了更多青少年的欢迎，参加花样滑冰训练的学员日益增多，从初期的30人已经上升到150人。圣热尔韦勃朗滑冰场为了促进冰壶运动的开展，采取会员制，会员每年只需缴纳80欧元的场租费即可随时训练。同时，在重要事件来临时，滑冰场还会设计冰壶的体验项目，吸引顾客尝试冰壶，扩大冰壶运动的影响力。

其次，对场馆进行多样化市场开发。在满足上述青少年体育俱乐部需求的基础上，对外开放，以多种经营收入来补贴运营场馆的高额费用。在考察中，所有场馆的经营都处于亏损状态，需要政府补贴才能度日，可见运营成本之高。

（四）多种经营项目的开展

考察的场馆都在开展多种经营。主要特点：兼顾专业性和大众体育的需求；注重特色，虽然多种经营，但是重点突出，配套设施良好；专注某些运动项目的推广；以提供公共体育服务为主要任务，辅助开展经营项目；一般体育活动的收费较低；与欧洲多个滑雪场共同组成庞大的阿尔卑斯山滑雪场雪道网络，为消费者提供更好的滑雪体验；与所在区域完美融合，打造四季经营，将场馆提供的服务内容纳入政府的发展规划。

在考察中，梅杰夫体育运动中心令人印象深刻。梅杰夫体育运动中心拥有游泳馆、滑冰场、攀岩馆、健身房、SPA馆、网球场、图书馆、休闲体育中心、冰壶区、展览馆、会议室与餐馆等项目，近期将建一个高档酒店（约200个房间），实现运动训练、休闲、娱乐一体化。中心的游泳馆分为室内与室外两部分，提供大众休闲（如水底单车项目）和俱乐部专业训练服务。泳池窗外面对阿尔卑斯山，水温可调节，为保证水质，该中心每日严格监测水质。健身房有瑜伽室、动感单车室、各种运动器械室，由运动中心配备巡回教练，也可提供高级的私人教练。滑冰场共有 3 500 个座位，曾作为 1992 年奥运滑冰训练馆，并多次举办世界杯等重要赛事。攀岩馆有 100 多条爬道，高达 12 米，为不同级别运动者提供服务。综合场馆可进行羽毛球、网球、排球、篮球、手球等比赛。俱乐部和学校经常租借场地。冰球场出租冰鞋和相关器械。冰壶赛道是法国仅有的两条专业的冰壶赛道之一。此外，还有会议室可用于出租办展，全年使用时间多达 300 天。

圣热尔韦勃朗滑雪场自然风景壮观秀丽，拥有 500 千米的滑雪道，分别与夏莫尼和梅杰夫的雪场雪道相连，这些雪场雪道联网共同运行，为消费者提供更好的滑雪体验。另外，四季经营的理念深入该雪场。非滑雪季时，该滑雪场设置了许多户外运动项目，如登山、徒步、滑翔伞、山地自行车等，吸引了许多户外运动爱好者。活动项目既有强度较大的运动，也有简单的娱乐活动，对于全家旅行者和老年人来说，是不错的度假之处。

二、对我国 2022 年北京冬季奥运场馆赛后运营的启示

（1）体育场馆在设计之初就要考虑赛后的利用问题，进行多功能设计，提高体育场馆使用的灵活性，既能满足赛时的专业性需求，又能满足赛后的大众体育参与及休闲娱乐的需求，同时完善场馆周边的配套设施。在赛后可以积极了解消费者需求，进行场馆改造，以满足更多的市场需求，降低场馆的运营成本。

（2）在多种经营项目的选择方面，要准确定位，不要只寻求多样化，还要考虑消费者的特点和四季运营的互补性，综合设计项目，重在提高服务质量，增加消费者的体验，这样才会有更好的发展。

（3）在如何吸引并培育冰雪运动消费者方面，要加大冰雪运动的宣传，各场馆可以针对冰雪运动有目的地设计丰富的体验项目，吸引消费者。同时，降低冰雪项目的消费门槛。场馆的门票定价是个关键要素，如果完全市场化，高价消费，则不利于冰雪运动消费者市场的培育。

（4）在促进青少年走向冰雪运动方面，可以由政府主导，青少年体育俱乐部执行，奥运场馆提供场地，从而降低青少年从事冰雪运动的成本，激发青少年和家长的热情，吸引更多的青少年参与冰雪运动。

（5）积极与政府合作，充分发挥奥运遗产的影响力。将场馆提供的服务纳入当地政府发展规划中，利用奥运遗产建立场馆的声誉，吸引消费者前来，同时宣传奥运文化。

（6）积极培养人才。尽快建立冰雪运动各类专业人才的培养体系和评估体系，增加专业的冰雪运动教练队伍和相应的辅助人才队伍。

教学研究

以体教融合之路促进我国冰雪项目可持续发展

教育学院　高鹏

在备战北京2022年冬奥会的大背景下，我有幸作为2018年冰雪项目骨干教师（教练员）赴法国研修2班的一员，参加了于法国夏斗湖（Châteauroux）、阿尔贝维尔两市举办的冰雪项目主题培训活动。学习期间，通过专家讲座和实地考察，我对冰雪项目的发展、北京冬奥会举办的前景、冰雪场馆基地的运营、冰雪俱乐部的组织等有了一个比较全面的了解和认识。在此，我想结合培训中学习到的知识，就本次学习的主要心得做以下总结。

一、全民参与——冰雪运动强国发展冰雪项目的根基

作为冰雪项目的传统强国之一，法国在历届冬奥会上都有着不俗的表现，如在2014年索契冬奥会上，法国取得了4金、4银、7铜的成绩，排名总奖牌榜第10；在今年年初刚刚结束的平昌冬奥会上，法国则取得

了5金、4银、6铜的成绩，排名总奖牌榜第9。另外，法国在高山滑雪、冬季两项、冰舞等项目中长期保持着优势地位，曾培养出富尔卡德、帕帕达吉斯、西泽龙等众多国际顶尖运动员。那么，到底是怎样的原因促成法国在冬奥会尤其是雪上项目中取得如此优异的成绩呢？

通过专家讲座及实地考察后发现，法国的冰雪项目有着良好的群众基础，不仅表现为普通民众对冰雪运动富有参与热情，热衷于高山滑雪、冰球、花样滑冰、冰舞等冬季运动项目，还表现为全国遍布冰雪场馆基地，民众可以非常便利地参与冰雪运动。据授课专家迪杰·拉丰教练介绍，在法国，有多达352个滑雪站，这些滑雪站都有着丰富而完备的休闲娱乐设施，一进入雪季，尤其是圣诞节前后，就会有很多家庭选择以滑雪的方式来度过整个假期。不仅如此，大多数滑雪站的价格都是普通民众可接受的。可以说，对法国民众而言，滑雪并不是花销巨大的贵族式享受，而是一种习以为常的休闲方式，它并不会给个人带来巨大的经济压力。同时，除了专门的滑雪站，在日常生活中，法国民众也有很多参与冰雪运动的渠道。例如，蒂涅（Tignes）滑雪场尽管是世界著名滑雪场，但其价格对当地青少年却非常“亲和”，每个青少年每年仅需向蒂涅滑雪俱乐部（类似于我国的滑雪协会）缴纳150欧元，即可使用雪场并得到专业滑雪教练的指导，即便在夏天，也可去接近勃朗峰峰顶的常年积雪区继续滑雪。再如，阿尔贝维尔奥林匹克滑冰场设有专门的公众开放日（周三），当地民众可在公众开放日当天免费使用滑冰场，如果想要更为深入地参加滑冰运动，则可以选择加入由政府支持的冰球、冰壶、花样滑冰、短道速滑等4个冰上运动俱乐部，每年同样仅需缴纳150欧元。

无独有偶，授课专家荷兰速滑国家队教练杰拉德·科姆克斯（Gerard Kemkers）以及克罗地亚萨格勒布（Zagreb）大学教授托米斯拉夫·克里斯特切维奇（Tomislav Kristicevic）在各自的授课内容中，都提到了本国运动员在冰雪项目中的优异表现，既要归功于科学的训练方法和有效的人才选拔方式，又与民众对冰雪项目持续不竭的热情参与高度相关，这确保了他们各级各类运动队伍的建设始终有很多可供选择的后备人才。

应当承认，相对于法国、荷兰、克罗地亚等冰雪运动强国，我国冰雪运动的起步较晚。这种“晚”，不仅表现为我国在场馆基地建设、运动员选材训练、运动装备研发、冬奥奖牌数量等方面与冰雪运动强国有着比较明显的差距，还表现为我国民众对冰雪运动的关注度和参与率偏低，即便在积极筹办2022年北京冬奥会的今天，依然有很多人对冰雪运动几乎没有任何认知和体验。从体育事业发展的一般规律可知，一个运动项目的长期可持续性发展，仅靠受众较小的精英体育是很难实现的。因此，对照法国、荷兰、克罗地亚等冰雪运动强国的经验，我国发展冰雪项目，就要坚持“群众路线”，面向普通民众做好冬季运动项目的教育和宣传工作，把“三亿人参与冰雪运动”的目标落到实处，从而让更多的人了解和喜爱冰雪运动，激发民众对冰雪运动的参与热情，只有这样，我们才会有更多的可选之才，才能够将冰雪运动升级成为冰雪产业。

二、完整的教育体系——冰雪运动强国发展冰雪项目的推手

前文已述，提高群众对冰雪运动的参与度离不开对冬季运动项目的宣传、教育和普及。在培训中，有多位专家都提到了法国富有特色的冰雪教育体系，而这恰恰是其成为冰雪运动强国的重要保证。

法国的冰雪运动教育体系大致可分为专业型和非专业型两种，前者旨在培养专门的滑雪指导员和教练，后者旨在培养滑雪爱好者。法国专业型的冰雪教育体系主要是依托法国国立滑雪登山学校（ENSA）来完成的，该校为公立性质，由法国体育部直接管辖，其特别之处在于，其一，这是一所专门培养高山向导和滑雪人才的职业学校；其二，这是一所法国境内唯一拥有培养滑雪指导员和教练资质的职业学校。ENSA对滑雪专业人才的培养分为两个层次，一是偏重于指导滑雪爱好者的滑雪指导员，他们具有较高的滑雪水平和长时间的滑雪教学经历，能够帮助

滑雪爱好者掌握必要的滑雪技能；二是偏重于指导滑雪运动员的滑雪教练，他们具有顶尖的滑雪水平和丰富的安全救护知识，能够对专门从事滑雪运动的运动员展开指导。这两个层次的人才虽有联系（滑雪教练需首先完成滑雪指导员的相关课程），但其需要完成的课程、修业的年限、考核的难度、获得的证书等都有比较明显的区别。当然，无论是成为滑雪指导员还是成为滑雪教练，都需要经过严格的筛选、培养和考核，学员一旦完成全部学业且考核成绩合格，就可获得经由国家认证的职业资格证书，并能从事和滑雪有关的指导、管理、救援等工作。

非专业型的冰雪教育体系则存在于面向大众开放的冰雪场馆基地。如授课专家迪杰·拉丰教练曾谈起，法国的很多滑雪场中存在面向大众的法国滑雪学校（ESF）、Evolution2 和 Oxvgene 等私立性质的滑雪教育机构，这些教育机构不像 ENSA 那样以培养高水平的滑雪人才为目的，它们主要面向广大的滑雪爱好者，而爱好者通过滑雪教育机构的培训，并不会获得任何资质证书，只是满足个人提高滑雪技能的诉求。再如，在考察中，阿尔贝维尔滑冰场、梅杰夫奥运滑冰场、圣热尔韦勃朗滑冰场会以俱乐部、业余比赛、公众开放日、免费体验等多种方式，向本地居民免费开放场地。在这些场地中，往往都会设有专门的指导员或教练，从而为民众提供更加科学和专业的指导。如圣热尔韦勃朗的滑冰场为吸引更多的人前来参加，就特别聘请了原 2008 年冰舞世界冠军伊莎贝尔女士来带队，借助这种“名人效应”，圣热尔韦勃朗地区的冰舞水平得到了快速提高，其俱乐部会员在法国国内冰舞比赛中多次获得冠军。

在授课中，迪杰·拉丰教练特别谈到了一种在青少年滑雪培训被广泛使用的“星星奖”。“星星奖”由各滑雪站中有资质的专业滑雪教练评定。在测试中，每个“星星”意味着学生获得一枚奖牌。通过获得“星星”数量的多少，学生既可了解自己的进步，又可激励他们在滑雪学习中更加努力，以获取更多的“星星”。“星星奖”的最高奖励级别为“金星奖”，同时，“星星”在各滑雪站之间相互承认，个别家庭即便更换了滑雪站，但新滑雪站中的教练只要看其拥有的“星星”，便可快速获知其滑雪水平并展开相应的指导。

通过上文可知，法国已经形成了覆盖滑雪专业者与非专业者、青少年群体的冰雪教育体系，这种体系面向全体民众且可被全体民众很方便地享有，这为冰雪运动在法国的普及、冰雪运动后备人才的培养奠定了坚实基础。

三、体教融合——我国成为冰雪运动强国的重要路径

2016 年，《全民健身计划（2016—2020 年）》《“健康中国 2030”规划纲要》相继颁布实施，其中都强调了全民健身与全民健康的深度结合。2017 年，习近平总书记在党的十九大报告中明确提出了我国体育事业发展的未来愿景，即要广泛开展全民健身活动，加快推进体育强国建设，筹办好北京冬奥会、冬残奥会。可以说，自党的十八大以来，国家对体育的重视程度在不断提高，推动全民健身，并建设体育强国和健康中国已经成为新时期的国家战略。

做好青少年体育工作，持续提高青少年群体的体育技能和体育兴趣，继而带动青少年踊跃参加体育活动是推动全民健身与建设体育强国和健康中国的重要环节。2018 年 3 月，孙春兰副总理到国家体育总局调研时指出，要厚植青少年体育根基，促进体教融合，既让学生都能“动起来”、有“一技之长”，也可以发掘培养专业体育的“明日之星”。之后，在全国青少年体育工作电视电话会议中，国家体育总局赵勇副局长又特别强调指出，要以习近平新时代中国特色社会主义思想和习近平体育思想为指导，从中华民族伟大复兴和体育强国建设的战略高度，深刻认识改革和加强青少年体育工作的重大意义。着眼提高广大青少年健康素质和体育技能，推动青少年体育人才脱颖而出。着力构建面向全体青少年、覆盖所有奥运项目、青少年竞技体育和群众体育相融合、专业特色基地

星罗棋布、举国体制和市场机制相结合的青少年体育工作新格局。

体育要从基础抓起、要从青少年抓起。2017 年，国家体育总局、教育部联合出台了《关于加强竞技体育后备人才培养工作的指导意见》，提出要“完善竞技体育后备人才培养体系，不断提高青少年体育训练质量和效益，推动竞技体育后备人才培养工作深入开展”，并明确指出“学校体育是竞技体育后备人才培养的基础”。上述工作思路对于冰雪项目后备人才队伍的建设同样适用。

事实上，冰雪项目的持续高水平发展，不是单靠一两个天才型运动员就能实现的，其中必然需要一支高水平的后备人才队伍。自然，要构建这样的一支队伍，就不能局限于“就体育而论体育”的发展格局，而要让冰雪项目走出“竞技场”、走进校园、走向社会，让更多的人尤其是青少年群体了解冰雪项目、喜爱冰雪项目、参与冰雪项目。

国家对“全民健身”“体教融合”的强调和重视，为冰雪项目改变以往“小范围受众、小范围选材、小范围培养、小范围参赛”的发展方式提供了有利契机，而顺应和利用“体教融合”的历史际遇，充分利用青少年体育重点工程，大力提高青少年群体对冰雪项目的了解程度、参与程度、喜爱程度以及运动技能水平，不仅是对“三亿人参与冰雪运动”的积极回应，而且还有助于加强冰雪项目后备人才队伍建设、推动花样滑冰项目在我国持续高水平地发展。

当然，促进“体教融合”，需要具体的抓手，而在此之中，颇为重要的就是要利用好冬奥会这种大型赛事的“遗产”。在这次培训中，有很多专家都提到了“奥运遗产”的问题，即不能仅仅举办一次大型赛事，而要将大型赛事的遗产——场馆、设施、赛事文化、交通道路等充分利用起来，形成对当地影响更加长久的体育文化和体育氛围。例如，法国之所以会有浓郁的冰雪运动文化，即和它举办过三届冬奥会密不可分。据了解，这些地区经过举办冬奥会，其新建的冰雪运动场馆在冬奥会后大都经过改造，成为向民众开放的综合化场馆。当地居民只需缴纳很低的费用就可使用场馆，既提高了民众对冰雪运动的参与热情，也为民众参与冰雪运动提供了便利。受此启示，我们应充分认识到即将在北京召开的第 24 届冬奥会绝不仅仅是一次仅有 16 天的短暂盛会，而是会对中国运动项目格局、普通民众运动习惯产生重大影响的盛会。其结束后，依然会留下很多可见及不可见的宝贵“遗产”，这些“遗产”不只会为我们提供参加冰雪运动的场地场馆，更会为我们实现由“冰雪项目参与国”转变为真正的“冰雪项目强国”奠定基础。因此，我们应将冬奥遗产变为有效的冰雪教育资源，用其来带动全社会尤其是青少年对冰雪运动的参与度和热情。

系统筹划，构建高水平冬奥会心理服务

心理学院　王英春

2018 年 8 月 6 日—26 日，我有幸前往法国进行了为期 21 天的培训出访及学习交流活动。整个活动主要采用了理论讲授、现场参观和交流研讨等形式。来自雪上和冰上项目领域的教练员、管理人员进行了高水平的系统授课，当地体育相关部门的领导与工作人员对法国滑雪场和冰上场馆进行了详细的介绍。通过培训学习，对于冬奥会的比赛、组织及场馆安置等内容有了系统了解。在总结培训收获的同时，也对运动心理学在即将到来的2022 年冬奥会的备战和比赛中的意义进行了深入思考。现将收获总结如下：

一、系统安排统筹规划

奥运会是一项庞大复杂的系统工程。举办奥运会绝不仅仅依靠体育部门的力量，还需要来自当地政府及中央政府从市政、外事、安保等各方面予以支持和配合。培训中，不管是来自国际相关协会管理者的介绍，还是体育场馆的现场参观，都让我们感受到奥运会的成功举办离不开系统的统筹规划。国际滑雪联合会（FIS，以下简称“国际雪联”）萨拉·露易斯（Sarah Lewis）秘书长全方位介绍了国际雪联的角色和责任，组织管理功能以及赛事安排等方面的内容。国际雪联负责冬奥会、世界锦标赛等多项国际大型赛事，他们有专职的赛事经理负责赛事筹备、组织和运营，对场地设备、安全监测、与运动员及体育协会协调等方面进行统筹安排。国际雪联在官员培训、技术培训、裁判员管理和赛区测试工作管理等方面发挥重要作用。同时，国际雪联参与负责制定所有相关国际比赛的规则，参与青少年儿童的雪上运动推广以及休闲类的雪上运动的发展。总体来看，国际雪联具有完备的部门架构，是国际一流的组织机构。世界冰壶联合会的凯特·凯斯内斯（Kate Caithness）主席介绍了冰壶运动在世界各地的发展状况，以及世界冰壶联合会的组织及管理状况，并结合平昌冬奥会的经验为2022年北京冬奥会的各项准备工作提出指导意见，希望能与我国相关部门尽快对接，积极开展冬奥会冰壶项目的场馆建设、人员培训等各项工作。近些年，我国已经积累了举办高水平、大型体育赛事的经验，培养了一大批办赛方面的专家型人才。同时，我国政府和民众对举办奥运会持积极态度，这都为我们2022年举办冬奥会奠定了扎实的基础和坚实的保障。

运动员备战冬奥会同样是一个庞大的系统工程。心理素质高低作为运动员能否获得比赛成功的重要因素也日益受到关注。作为重要的组成部分，运动心理领域的专家也需要深入运动实践一线，切实了解项目特点。同时，借助系统论的观点，综合考虑高水平运动员备战国际重大比赛的心理训练情况，全方位入手，采用多种形式，根据运动员各自的特点实施专业化的心理训练，为运动员提供实质性的支持与帮助。目前，我国冬奥项目的科技服务基本采用每年立项的形式，这种形式有利于进行及时的评估与完善，但也对心理训练工作的延续性与完整性提出了更高的要求。

二、专业团队全面保障

专业性是任何一个领域走到最高水平的重要保障。培训中，多位专家介绍了法国滑雪教练员的培训问题。据专家介绍，法国所有的滑雪教练都需要经过国家滑雪和登山学校为期四年的培训，其过程相当严格。首先，要对申请者进行一些基本技能测试，考察其是否适合从事滑雪教练工作；其次，进入为期2周的准备阶段，学习滑雪技术和教学方法；最后，对申请者进行统一测试，通过者才有资格进入滑雪学校，进行正式的学习培训。在法国滑雪学校内，学员不仅要学习滑雪技术，同时要进行滑雪运动相关的技能和知识培训，如高山滑雪基础知识，天气、气候、自然地理的知识，相关法律知识以及教学法、安全、救治、风险控制等各类课程的教育。之后，滑雪教练还需要获得高山导游证才能带学生上雪道。目前，我国滑雪教练的实际需求巨大，但现在的教练员培训缺乏专业性，很多从业者没有专业的资格证书。同时，缺乏专业的培训制度，教练员水平参差不齐。这也在很大程度上限制了我国高水平运动员的培养及滑雪项目的普及。笔者认为，可以由政府主导打造教练员培训体系，借鉴法国的经验，结合我国的实际情况，建立自己的培训体系。比如，要有对教练员素质和技能的专业要求，要有准入制度等，为我国培养优秀高水平选手和普及滑雪项目奠定基础。

对于指导参加重大国际比赛的高水平运动员的教练员来说，仅仅具备专业的技术知识显然还是不够。杰拉德·马蒂斯曾任优秀的荷兰国家队速滑主教练，培养出多位奥运冠军，也曾担任美国国家速滑队教练。他在讲座中对于精英运动员的培育问题进行了深入探讨。其中，教练员临场指导不容忽视。专家指出，教练员成功的临场指导不仅需要技术的储备，还需要掌握多方面的知识，如体能康复、伤病预防、心理调控等，能够根据运动员的特点，结合训练和比赛的不同要求，针对性地开展工作。为此，主教练要透彻了解自身的优势及不足，并能集合多领域的专家，如体能专家、物理治疗师、康复专家等，组建有效的专家复合团队，为运动员的训练与比赛保驾护航。为此，为备战2022年冬奥会，运动心理领域的工作者也需要组建专业的团队，为运动员提供及时的心理支持。

三、科学训练提高效率

高科技在冬奥会项目中有充分的体现。目前，各个训练比赛场馆在门票识别系统、安全保卫系统、比赛运营系统和比赛调控系统等领域均采用高科技技术，尤其在冰面制作上，加大了科技保障的措施与手段，保障了比赛场地的科学严谨，且在能量消耗和环境保护方面得到较大提升。托米斯拉夫·克里斯特切维奇博士现任克罗地亚萨格勒布大学运动机能学院院长，曾长期担任克罗地亚高山滑雪项目国家队教练，是世界冰雪传奇——克罗地亚“冰雪兄妹”的教练之一。授课过程中，专家详细介绍了在实验室及现场采用多种高科技仪器设备进行科学化训练、监测的内容。如借助GYKO、位移测试体系、雪鞋里的传感器等测试工具，评估运动员身体技能状态，如视觉和听觉反应速度等。借助高速摄像对运动员进行技术动作分析，开展专项测试与训练。除实验室和现场测试之外，团队还设计了多种不同路面上的模拟训练、室内的杂技训练、平衡与协调训练及抗压能力训练等。通过多种方法，对运动员进行全面训练。由此可以看出，来自运动人体科学、运动训练学等领域的专家大大提高了训练的科学化水平。

心理作为高水平运动员比赛发挥的重要因素，在备战过程中也越来越受到重视。例如，在2018年的亚运会备战过程中，来自运动心理学领域的专家长期深入运动队一线进行攻关与服务。比赛期间，国家体育总局将心理专家纳入备战保障团队，并指派优秀的运动心理学工作者前往雅加达比赛现场予以支持，这也给高水平运动员心理训练工作提供了新的思路。目前，研究者已经对冬奥会部分项目开展了科学化研究。例如，关注不同水平高山滑雪运动员视觉行为的差异，关注放松训练对冬季两项运动员射击稳定性的影响，探讨冬季两项运动员经验回避与持久性的影响、生理心理唤醒、认知焦虑及注意控制对压力下表现的影响，高山滑雪运动员身体自我效能和疼痛及生活满意度的关系等。但对于冬残奥会运动员心理训练的研究几乎没有。残疾人运动员比正常运动员有更大的压力，更容易受到媒体的影响。他们更需要来自家人和朋友及社会的支持。另外，伤残分级的特殊性，这也成为残疾人运动员的压力来源。

因此，在备战冬奥会过程中，心理学工作者有必要结合冬奥会项目和冬残会奥项目的不同特点，并结合不同队伍的现状与需求，运用运动心理领域的新理念和新方法，优选并应用国际先进评估、训练方法及手段，构建运动员专项心理特征的指标体系，借助心理训练方案为运动员进行系统干预，形成高水平运动员参加重大比赛的心理调控方案，力争从选材、训练与比赛角度全方位入手，做好冬奥会和冬残奥会项目运动员备战2022年冬奥会的心理工作，保障运动员在比赛场上的稳定发挥。

法国国立滑雪登山学校的启示

体育休闲与旅游学院　牛志培

2018 年 8 月 6 日—26 日，我赴法国参加了北京体育大学 2018 年冰雪项目骨干教师（教练员）赴法国研修班。培训期间通过室内授课、互动教学和现场实地考察与参观，我对冰雪项目在法国的开展状况有了全面而深入的了解，使我对冰雪项目又有了更深层的认识。其中，与户外运动教学工作直接相关的滑雪运动与安全管理等方面的知识使我受益匪浅，同时也引发了一些思考。

其中，8 月 7 日法国国立滑雪登山学校（ENSA）的滑雪教练迪杰・拉丰先生和 8 月 13 日获得法国国家滑雪教练证书的陈山龙（Bertrand Camus）先生的授课让我了解到，在法国，所有的滑雪教练都在著名的法国国立滑雪登山学校接受培训。培训周期为 4 年。他们不仅需要学习滑雪技术，还需要学习与滑雪行业相关的其他内容。经过三个周期的考试后，可获得国家认证文凭。取得认证文凭后的教练员可在滑雪学校任教，如法国滑雪学校（ESF）、Evolution2、 Oxygene 等滑雪学校。但教练需取得高山导游文凭后才可带学生上雪道滑雪。法国滑雪运动分为专业和业余运动培训。业余滑雪/登山教练培训主要是获得滑雪国家文凭。培训周期为3~6年，费用为4 500欧元。滑雪国家文凭的考核，有着严格的准入标准。首先是小回转考核，然后两周培训，接下来是大回转考核，接着是四周的培训，并去滑雪站实习，然后进行体育法、体育教学等的笔试和口试，最后是五周的技术和安全知识的培训，并考试。如果最后的考试成绩合格，学员将得到滑雪国家文凭，并终身有效。成为滑雪教练需要长时间地学习。另外，滑雪教练的职业具有季节性，需要从事一门或多门其他职业。法国的滑雪教练分为3个等级。这些等级在欧洲滑雪地区都被认可。之后，到滑雪胜地夏莫尼的实地考察让我更加真实地体验到我国滑雪运动的发展与安全管理等诸多方面与法国存在着巨大的差距。

2022年冬奥会成功申办，使我国冰雪运动进入新时代，滑雪运动得到国家政策号召。在滑雪人口的井喷式增长的同时，滑雪场的安全服务和救援保障却无法跟进，安全问题日益突出。滑雪巡逻队是滑雪场的安全服务保障和事故发生后的第一响应力量与救援队。然而，国内缺乏专业的滑雪巡逻员。基于当前我国滑雪运动的发展趋势，顺应“三亿人参与冰雪运动”的安全要求，要培训出满足滑雪场要求的滑雪巡逻员，推动我国滑雪事业的专业化进程。

我国的滑雪行业起步晚、起点高，这就导致我国滑雪行业有空缺的状态，也必须由政府介入来填补空缺。目前，我国还没有滑雪巡逻协会等组织出现，需要政策的支持；另外，落到实处的培训课程也是空白。课程实施需要课程设计，“巧妇难为无米之炊”，即使相关组织意识到开展滑雪巡逻员培训的重要性，若没有可靠的课程内容作为支撑也是无用的。

滑雪巡逻队（Ski Patrol）是指为越野滑雪者、雪场内双/单板滑雪爱好者提供急救救护和救援服务的专业组织。滑雪巡逻员也就是组织中的成员。滑雪巡逻员的职责包括：①雪崩救援；②实施区域管理和风险管理，并在必要时帮助受伤的滑雪者进行急救护理；③雪场开放前后的雪道跟踪检查；④掌握相关专业技能，如电梯疏散和绳索知识；⑤平底雪橇处理等。

大部分巡逻人员都使用户外紧急救护（OEC）认证作为他们的初级教育和认证来源。除了基本认证之外，大多数课程还包括特定场所的培训，所有滑雪站都有基本的急救设备，包括夹板装置、基本的气道管理和出血控制。许多滑雪站都有附属诊所和先进的服务提供者，都有机会获得航空医学支持，并迅速将病人转移到创伤中心。

滑雪场面积大、山地情况的复杂度使得巡逻和搜索都很困难，一旦滑雪场发生安全事故，救援所消耗的成本变大，是滑雪救援重要的问题。因此，滑雪场需配备足够的安全巡察员，掌握滑雪技术和急救技能，时刻关注雪道中安全隐患并进行安全标识的设施维护，尽可能成为第一救护力。国内的山地救援队由于环境的特殊，并不能介入雪场。雪场滑雪指导员与受指导的滑雪者之间在数量上难以平衡分配，且在高峰期呈现出“初学者对不会者的教授、初学者对不会者的搀扶”的混乱局面。另外，滑雪者缺乏必要的滑雪安全知识，也将导致滑雪事故的发生。滑雪运动发达的国家均有规范的行业组织，并提供相关滑雪信息、安全服务和解决方案等。滑雪组织包括滑雪协会、滑雪教练和滑雪巡逻协会三种形式。但就国内而言，前两种虽有相关培训，滑雪巡逻员培训却没有行业标准。国内有能力和有经验的滑雪指导员并不多，且滑雪指导员的培训体系不完善，儿童和残疾人等特殊群体的滑雪指导员更是稀缺。另外，国内滑雪场没有专业的雪场救援队，一些小型滑雪场的救援由滑雪指导员兼职完成，出现救援设备缺失和不会使用器械的尴尬问题。

滑雪事故频发使滑雪场将安全提到首要位置，随着 2022 年冬奥会的临近，无论是竞技赛场还是大众滑雪场，都需要一批专业的救援队伍，而非仅会包扎伤口的医务人员。滑雪巡逻员对滑雪安全的重要性不言而喻。人们自身安全意识的提高以及硬件设施的完备固然需要，但事故发生后的救援也是非常重要的，滑雪巡逻队不可缺失。分析国内滑雪场对滑雪巡逻员的需求，发现：

（1）市场对滑雪巡逻员的需求大，但其专业能力不足。我国滑雪人口近些年呈现爆发式增长。国内滑雪者的主要滑雪运动为休闲娱乐，比重高达52.97%。这部分人群多为体验型滑雪者和初学者，技术水平和安全意识较差，导致安全事故频出。尴尬的是，全国现仅有8 000名左右已注册的社会滑雪指导员，相对每年已超过千万人次的滑雪人数，这个数字远不能满足实际的滑雪培训需求，更不要说满足“三亿人参与冰雪运动”的目标需求。在社会滑雪指导员都不能满足的情况下，国内滑雪巡逻员更是不能满足。

滑雪可分为竞技类与大众类，除了奥运赛场上的激情外，也是一项适合大众健身的冬季户外运动，对人身心健康的全面发展具有很好的促进作用。就2016—2017年滑雪指导员的推广力度可知，国内滑雪运动的黄金时代已经来临。在这危险与激情并存的运动项目中，滑雪巡逻员在雪场中必不可少。针对滑雪安全问题，对专业性人才与组织的需求迫在眉睫，通过开展滑雪巡逻员的培训，有计划、有目的地培养一批专业的滑雪巡逻员，为全民健身和社会体育项目的推广增加人才。

（2）相关认知虽不清晰，但参与培训课程意愿强烈。滑雪场工作人员对于滑雪巡逻员并不是特别了解，即使听说过滑雪巡逻员，也缺乏对其工作职责和能力的清晰定位。对事故救援、运输能力等职责的重要性认识并没有体现出来，仅占了30%左右，检查雪道、雪场清理占了100%，对于雪崩知识更是没有考虑。有一部分滑雪从业者甚至没有听过滑雪巡逻员。雪场通过医务室保障滑雪者的安全，而医务室的处理能力并不能满足重伤者的需求。小型雪场没有专业的医务室，而是直接将伤者运到医院。另外，国内连专门的运输车辆都无法保证，滑雪安全的隐患可想而知。在国内很多滑雪场一旦发生安全事故，一律使用雪地摩托运载伤员。但事实上，雪地摩托车可能对于未受伤的娱乐活动者来说是简单直接的，但对于受伤的患者，即使看似简单的骑行也可能是痛苦的。因此，任何时候病人必须由雪橇进行运载，必须保持稳定和仔细包裹，以确保舒适度，并由救援人员不断评估。

我国滑雪巡逻队还在萌芽阶段，但是滑雪事故的发生率敦促滑雪巡逻队的成立已迫在眉睫。一支强大的滑雪巡逻队是一个滑雪场的中坚力量，滑雪巡逻员将会给滑雪带来不一样的保障，现阶段完全有必要将滑雪巡逻员的培训提上日程。法国滑雪学校（ESF）、Evolution2、Oxygene 等滑雪学校对我国当前的状况有重要启示，主要体现在以下几个方面：

（1）加强政策引导。滑雪巡逻员培训的开展不仅是一个简单的课程开发问题，更重要的是需要一个导向，其标准化应由政府作为一种政策提出，目的是通过课程推动滑雪巡逻员培训的开展，突出滑雪巡逻员的重要性，同时为大众滑雪提供急需的技能人才。实际上，国际的滑雪巡逻协会都是在国际滑雪巡逻联合会（FIPS）的标准下进行属于自己的规范化操作。对于国内来说，有一套属于自己的标准和规范，获得课程设计参与人员的一致认可，将使整个课程设计工作有章可循。此外，推进培训课程具有行业准入作用。目前，我国的很多行业都设置了行业认可的职业资格证书和行业准入制度。为此，将职业资格证书考试的国家职业标准和考试大纲直接引入滑雪巡逻员的培训中，无疑使滑雪巡逻员的价值凸显，对职业能力的培养和就业竞争力提升的作用也更加明显。

（2）建立以实践能力为主的课程安排。滑雪巡逻员的课程安排应以实践能力培养为主线，提升专业度，结合社会和雪场的现实状况，最大限度地满足行业对应用型人才的要求。将课程模块化，从能力和职业岗位需要的角度来设计课程，突出课程的实用性和技能性，有利于课程设计与岗位要求相联系。根据岗位需要的知识与能力来确定课程内容，有利于新领域的开发和对已有内容的改造，有利于终身教育的落实。由于每个模块学习的周期短，学生的学习结果可得到及时的评价与反馈，有利于激发学生的学习动机。

（3）加强与国外滑雪巡逻队的合作。目前，国内没有滑雪巡逻员的培训，在很多方面需要加强与国际滑雪巡逻协会的合作，这样不仅能够得到最新的知识和技术，还能够尽快引进其课程思想与课程内容，结合我国实际情况进行课程的调整与重组。另外，与国外滑雪巡逻队展开合作，将其师资力量引入并成为我国的师资顾问，提高国内滑雪巡逻员的整体水平，对于师资力量的发展也起着至关重要的作用。国内滑雪巡逻员的师资是一大问题，我们需要加快引进国外滑雪巡逻员的师资力量来支撑国内初级阶段的培训，将其培训内容得以掌握后进一步调整和完善，使其形成一个适合我国发展的滑雪巡逻员课程培训体系。

北京体育大学冬奥发展与思考

中国运动与健康研究院　李燕春

冬奥会是代表冬季运动最高竞技水平的运动会，是一个国家冬季运动水平的集中体现。冬季奥林匹克运动会自 1924 年第 1 届开始，至今已有 94 年的发展历史。1980 年美国普莱西德湖（Lake Placid）冬奥会，是我国首次参加的冬奥会。由于受当时经济发展水平限制，我国冬季项目普及较差。随着中国经济的发展，特别是 2008 年成功举办夏季奥运会，参与体育活动的人数日益增长，因而北京有幸成为第 24 届冬奥会的举办城市，成为世界上唯一一个既举办夏季奥运会，又举办冬奥会的城市。中国也成为第一个实现奥运“全满贯”（先后举办奥运会、残奥会、青奥会、冬奥会、冬残奥会）的国家。

一、主要收获

（一）精英体育培训

精英体育培育要想出成绩必须掌握四个关键：①需有合理的且有针

对性的运动训练方式。②需采取团队管理。③不进则退是永恒不变的真理。④教练需有正确的指导方式。

（二）如何创建优秀的组织

构建一个良好的体育组织需要考虑四个方面：①体育的影响力巨大。②体育管理是新兴行业。③体育以人为中心，体育管理的重点应集中在良好的能力上。④可以利用两种手段：一是开发个人和团队能力；二是开发组织体系能力。

（三）高山滑雪项目

高山滑雪用较长的滑雪板，可以分成以下几个项目，各个项目有所不同。

（1）其中技术难度较高的是“回转”。该项目的线路时间约50秒，门距非常短，转弯很快，一天进行两次比赛，淘汰赛制，时速为50~60千米/时。

（2）大回转——赛道更长，速度更快，一天两次比赛的赛制，滑雪板更长，转弯所需时间更长，场地坡度更陡。

（3）超级大回转——赛道长于上面两个。

（4）速降——最长、最陡，非常危险。起跳速度为70千米/时，最快可达到100千米/时，坡度可达85°。比赛中有几次跳起。由于难度较大，每天进行一场比赛。

（四）冰壶项目

1. 冰壶的起源与发展

冰壶发源于苏格兰，起初是一项贵族运动，也是苏格兰最受欢迎的运动之一。18至19世纪，贵族发动的“清贫民”运动，使贫民奔赴世界各地，因而把冰壶运动带到世界各地。

冰壶项目所用冰壶基本都从苏格兰进口，其品质主要是由苏格兰的花岗岩质量决定的。

冰壶是发展最快的冰上运动，目前世界冰壶联合会（以下简称“联合会”）有 60 个会员国，后增加了两个非洲国家，比如尼日利亚。联合会主要通过媒体宣传，让大家爱上冰壶运动。亚洲也成为最大的冰壶市场。

2. 冰壶的比赛规则

冰壶比赛每队 4 名队员，1 名主将或称队长，可以通过口头或手势指挥。第 3 名是副主将，还有 1 垒和 2 垒。如果有需要，可以有 1 名替补。比赛时，每队依次交替掷壶，每次 1 人掷壶，每一阶段的比赛叫 1 局。每场比赛根据情况可分为 8~10 局。轮椅冰壶和混合双人赛都是 8 局。每局每队交替掷壶，每人分别掷 2 壶，每局共掷 16 壶，按结果计分。得分区是一个直径 3.66 米（12 英尺）的圆圈，也叫“大本营”。位置较另队任一支壶都更接近“大本营”中心之壶可获计 1 分。距得分区中心 1.83 米（6 英尺）圈内的每一支壶都为有效计分壶。若 2 支或更多支壶都很接近圆心以致无法用任何测量工具判定得胜壶时，由裁判采用特定工具进行测量，测量壶离中心的距离远近（LSD）。比赛结束时，得分较高的队获胜。

正常比赛用于思考的时间为 38 分钟，这是冰壶比赛中重要的时间。如果一个队的时间没有了，就输了。如果裁判看时间快到了，就会站在 T 线上，判断是否有效。比赛期间，每局结束后至少有 1 分钟休息时间。一局比赛只有一次暂停，加赛可以再有。暂停由需求队的队长来做手势。

循环赛时，赛前训练结束前，每队由两名不同队员向大本营端中心点投两只壶，第一支冰壶顺时针投出，第二支逆时针投出。第一支壶计距后移走再投第二壶。两投距离之和就是该队该场比赛的 LSD。LSD 较短的赛队有权决定第一局的先后手。若两队 LSD 相同，则以投掷硬币的方式决定哪队有权选择先后手。

大本营由四个同心圆组成，每局比赛结束后，拥有位置最接近圆垒中心之壶的一队得分。计算一种颜色的壶离圆心点更近。一般来说，双方队长认可即可，只有需要测量时，裁判才做测量。

轮椅冰壶项目与冰壶规则大体一致，但是没有刷冰环节，男女混合组队。传统的扫冰刷改为传石手杖，即投壶杆。之所以要把混合双人引入奥运比赛，是因为只需要一男一女两名队员就可以了，可以让比较小的国家也参与比赛。

3. 冰壶的风险

冰壶是一项适合人终身运动的项目。只有一个要注意的地方——后仰摔倒的风险。很多场馆提供护具，保护儿童的头部。

（五）滑雪村

1. 滑雪村的历史发展

滑雪村是指依村落（或小镇）自然形成的滑雪站。这类滑雪站建在古老村庄（或小镇）中，它最初并非专门建造，而是由村庄（或小镇）逐渐改造而成。滑雪站未建之前，当地农民主要以农业为生，村民因出行需要逐渐将村子演变为滑雪站。滑雪站的建设改变了当地居民的谋生手段，为滑雪爱好者提供各种服务成为其收入的主要渠道。

另一类是指在半山腰上有目的地建造滑雪站。这些村最初只有白雪，为了满足不断增加的滑雪爱好者的需求，这些滑雪站便应运而生。它们大都离高速公路很近，山上有缆车可将滑雪爱好者直接送至山峰。

2. 滑雪村的运营

（1）交通便利。交通便利是滑雪站运营的首要条件。影响一些老的滑雪站运营状况的主要因素之一就是交通不便，因为如果滑雪爱好者带着家人、孩子前往，首选必然是交通便利之处。

（2）完善的服务业，如酒店、餐饮、公路维护、出租车、道路滑雪等。

（3）完备的设施及必备的技术人员，包括铲雪、造雪机及其操作员、滑雪缆车及其操作员、电网工作人员、赛道养护员、救援人员、机械师等。

（4）合理且人性化的管理。

滑雪站只有一小部分员工是全职人员，大部分为季节性工作人员。合理且人性化的管理方式使员工尽职尽责。这种管理模式既充分调动了社会力量，又充分发挥了部分人的优势才能。

3. 滑雪村的发展

滑雪站的冬季运动主要包括：滑板、徒步旅行、越野滑雪、滑冰、滑雪橇、雪鞋行走等，开展情况需根据各滑雪站的具体情况而设。

为使滑雪站的运营收益不断增加，在滑雪站开展夏季运动不失为明智之举，如可通过建设高尔夫球场、溜冰场、越野赛道、自行车道、步道等开展相关运动；还可以根据具体情况增加攀岩、山地自行车、徒步旅行、独木舟、滑翔伞、夏季平地雪橇、骑马、射箭、排球等项目。

总之，各滑雪站根据各自的地理位置，开发适合自己的夏季项目必然可以吸引更多的人前往。

（六）冬季奥运人才培养

1. 法国滑雪教练

所有滑雪教练都必须在法国国立滑雪登山学校（ENSA）接受为期四年的培训，培训期间不仅需要学习滑雪技术，还需要学习其他相关知识包括对雪的认知度、地理知识等。其中“山区知识”为所有参加培训教练员的必修课程，并经过三个周期的考试合格后，方可取得国家认证的执教文凭。 取得文凭后，教练可以在滑雪学校任教，如法国滑雪学校（ESF）、Evolution2 和 Oxvgene 等滑雪学校。然而，如果教练只有这一文凭，还不能带学生上雪道滑雪，他还需获得高山导游证才能带学生上雪道。法国滑雪教练主要分三级，其滑雪教练证全欧洲通用。

取得证书的教练有资格组织学生进行各种测试，这些测试在法国称为“星星”，每个星星对应着学生获得一枚奖牌。学生随时可获知自己的进步，同时也可以激励学生获取更多的“星星”，最高奖为“金星奖”。“星星”在各滑雪站之间互相认可，这样如果家庭更换滑雪站，新的滑雪站教练只要看其拥有的“星星”便知其水平以进行相应指导。

滑雪学校培训市场潜力巨大，每年冬季培训200万名学生，352个培训学校培训营业总额达2.6亿。

（1）滑雪救援人员。

① 人员组成：所有的滑雪救援人员都在滑雪现场，并非专职医生。医生培养成本高，而且在滑雪场用处少，现场条件无法进行医疗救助。

② 工作职责：只负责搜救、转运（负责以最快速度将伤者转运至治疗室）。

③ 人员特征：滑雪水平高，在滑雪学校进行3~4年培训（非全脱产），并设置三级滑雪救援人员，初级主要以检查滑道为主。

④ 资格许可：救援人员必须通过法国滑雪学校的考试才能获得救援资格证书，他们隶属于法国青年协会。

（2）制冰师。

冰壶比赛的冰面是使比赛顺利进行的重要保证，也是影响运动员发挥的主要因素。制冰师的技术至关重要。

① 制冰师的培训及考核。世界冰壶联合会负责制冰师的培养及考核。制冰师的考核主要经过权威的制冰师现场审核来评价培训成果。学员刚获得制冰师资格时，先参加低一级别的比赛制冰，然后评估，再提升。

② 制冰师的基本条件。首先要愿意学习，其次是理论知识和实际操作，最后是较强的预判能力。除了制冰，温度控制也是制冰师的一个工作重点。制冰工作的温度、场馆的湿度、空气温度、比赛场馆的形状以及冰面下的制冷管线等诸多因素有关。一旦户外的温度发生了变化，制冰师就需要相应地调节冰面的温度。这些都需要在赛前进行预判。

③ 冰壶馆的制冰师配备。每个场馆必备一个首席制冰师和一个副制冰师，并邀请知名制冰师进行前期指导。

二、思考与发展

（一）冬奥会基础薄弱

1. 加快场馆的建设

北京体育大学目前无冬季项目训练场馆[1]。运动员需远赴国外或东北地区训练，不仅费用昂贵，且给科技服务带来一系列的不便，因而加强场馆建设，能够更好地服务冬奥。

2.加强理论基础的培训

中国在1980年第一次参加冬奥会，而此时冬奥会已经举办了56年。我国对冬奥会的赛事举办、场馆运营、赛事开发方面明显经验不足。北京体育大学应承担更多的培训任务，从理论基础方面提升北京冬奥会的办赛水平。

3. 提升科技含量

依靠器材比赛是所有冬季项目的特点。在很大程度上场地和运动器材的质量制约着运动训练水平的提高。我国从事冬季运动项目装备研发和器材制造研发的人员和公司特别少，国家对这方面的投入不多，远远落后于冬季项目先进国家。

在科学化训练方面，研究冬季项目运动训练的科研人员较少，同时将科研成果用于训练、用科技手段指导训练方面与发达国家存在较大差距，研究成果转化率低。学校应加强科研成果的转化。

[1] 数据来自2018年。

（二）人才培养

1. 教练员培养

北京体育大学同时还是中国教练员培训学校，是我国优秀教练员的重要培训基地。当前，应以 2022 年冬奥会为契机，紧随国家发展步伐，加大冬季项目优秀教练员培训。教练员培养方式可以采用“请进来，引进来，送出去”等方式。北京体育大学更应承担国内教练员的培训。通过教练员的培养，提升冬季项目的影响力，带动全国人民热爱冰雪运动，为冰雪运动员储备人才，促进冰雪运动的发展。

2. 运动员培养

我国冬奥项目基础薄弱。要满足在奥运会上全体项目参赛，需要高效率进行运动员的选拔。目前，北京体育大学积极响应国家体育总局号召，进行冬季项目的跨项选材。学校新成立了越野滑雪运动队，并在国内比赛中取得了优异的成绩。本人作为选材专家承担了越野滑雪、速滑、冰球等项目的跨项选材工作，并承担了科技部“科技冬奥”项目，为我国冬季项目的发展提供选材研究基础。

3. 科研人员培养

冬季项目是现代科技项目。器材维护、运动技能、体能训练、运动营养、运动康复方面极其需要人才支撑，学校应加强这方面人才培养。

4. 技术人员培养

冬奥会不仅是运动员身体技能的较量，更是高科技人才的较量，如打蜡师、制冰师等。特别是中国在打蜡师的培养方面基本属于空白，这将困扰整个雪上项目。在国家队人员配备方面，要解决北欧两项、越野滑雪、冬季两项、跳台滑雪、高山滑雪等项目的打蜡师空缺。先引进人才，聘用国外专家，同时北京体育大学作为人才培养基地，应加强冬奥项目技术人员培养。

5. 裁判培养

根据国际滑雪联合会的办赛要求，举办国际比赛需要至少 1 名主办国的国际裁判参与执裁。中国的国际裁判员屈指可数，裁判员的储备严重不足。在国内裁判员的培养方面，北京体育大学应做好领头羊，坚持“请进来”的方针，组织有兴趣、外语好的年轻大学生进行项目培训。加强与国际组织的交流与协作，在高级培训阶段，争取机会参与或观摩国际大型赛事，提升裁判员水平。

6. 赛事管理人员

竞赛管理是整个比赛的核心，因而赛事管理人员非常重要。北京体育大学应承担更多的赛事管理人员的培训任务。

（三）国际合作

1. 加强与冬季项目优势国交流

法国有着悠久的冬季项目发展历史，第1届冬奥会首先在法国举办，并举办了3届冬奥会。在办赛经验、人才培养、场馆运营等方面具有优势。北欧各国在冬季项目上蓬勃发展并取得了突出成就。北京体育大学应加强国际交流，通过“引进来，请进来，送出去”促进人才培养，提升中国冬季项目发展水平。

2. 加强与国际冬季项目组织合作

（1）人才培养。

国际组织在人才培养方面具有极高的权威。加强与国际组织的培训后认证合作，联合各个国家联合会颁发证书，提升证书含金量。

北京体育大学应由学校领导带领相关人员与国际组织进行探讨，然后制订计划，并按照计划进行国际人才的培养，提升我国人才培养层次。

（2）举办国际型赛事。

北京体育大学气膜馆建成之后，应积极申请举办国际型赛事，为运动员提供实践机会，提升其运动技能。举办大型冬季项目赛事还能检验场馆功能，同时提升技术人员及赛事管理团队水平，为北京冬奥会积累办赛经验。

三、总　结

法国的21天冰雪项目培训让我受益匪浅。4年的准备时间非常有限，作为一名体育人，我深感肩上的重任，无论将来从事北京冬奥会的哪项具体工作，我都将全力以赴将自己负责的工作做好，为中国体育事业发展奉献力量，为祖国奥运争光。

人才培养

国际青少年冰雪体育素养培育方式研究

——冰雪项目赴法研修随感

新闻与传播学院　庞明慧

一、引　言

2018年8月6日—26日，本人有幸获得了到法国进行冰雪项目研修的宝贵机会。经过20余天的学习和考察，本人增长了见识，收获了许多的知识，感触颇多，囿于篇幅，本人将主要从青少年积极参与冰雪项目对于冰雪项目以及体育运动发展的重要性以及关于青少年冰雪体育素养培育，谈谈自己法国之行的感受。

"少年强则国强"。1985年8月11日，首届国际足联16岁以下柯达杯世界锦标赛的闭幕式在北京举行，时任国务院副总理的李鹏在工人体育场接见原国际足联主席阿维兰热，向在座的国家体委（现国家体育总局）领导传达了邓小平同志关于足球运动发展的重要指示——"足球要从娃娃抓起。"邓小平同志的指示虽然是针对足球运动的，但充分反映了青少年积极参与体育对于体育事业发展的重要性。青少年是冰雪项目发展的未来与“核心力量”，注重培育青少年冰雪体育素质是发展冰雪体育、推广冰雪体育文化的重要手段和有效方式。

二、体育素养的概念及要素

体育素养（Physical Literacy，又译为身体素养）是为了生活而重视并承担参与身体活动的责任所需要的动机、信心、身体能力及知识与理解，包含四个相互关联的要素：①动机和信心（情感）。热心让身体活动成为生活的组成部分，并从中获得乐趣和自信。②身体能力（身体）。掌握运动技能和运动类型的能力，体验运动时间和强度变化的能力。良好的身体能力可使人们参与多种场合的、内容广泛的身体活动。③知识与理解（认知）。具有确认并表述影响运动的基本因素的能力，懂得积极生活方式的健康效益，知晓与多种场合和自然环境相匹配的身体活动的安全性。④为生活而参与身体活动（行为）。承担身体素养的个体责任，自愿定期参加身体活动，这包括优先考虑并持续参与有意义的并对自己有挑战的身体活动，将其作为生活方式的组成部分。

三、法国青少年的冰雪体育素养培育

20余天的法国之行，无论是在北京体育大学法国夏斗湖校区各国专家学者的精彩讲授里，还是在冰雪项目场馆的亲身体验考察中，我都深刻地感受到了青少年冰雪体育素养培育，促进其积极参与冰雪项目运动对于推广和发展冰雪项目以及冬奥运动发展的重要性，积极参与包括冰雪项目运动在内的各种体育活动已经成为许多法国青少年的日常习惯和重要的生活方式。

作为三次举办冬奥会的国家，法国具有较为深厚的冰雪运动文化基础和良好的冰雪运动氛围。法国十分重视青少年冰雪体育素养培育，积极推动青少年参与包括冰雪项目运动在内的各项体育活动。法国政府的体育主管部门名称为“城市、青年和体育部”，该部门的设立本身也说明了法国十分重视青年与体育的结合。

法国阿尔贝维尔曾主办1992年冬季奥林匹克运动会（第16届冬奥会），这是最后一届与夏季奥运会同年举行的冬奥会。北京体育大学2018年冰雪项目骨干教师（教练员）赴法国研修班的全体学员参观了阿尔贝维尔奥林匹克滑冰场。这个滑冰场是1992年法国阿尔贝维尔第16届冬奥会的比赛场馆。据场馆工作人员介绍，冰场目前有四个阿尔贝维尔地区的冰雪项目俱乐部在进行定期训练，其中有两个冰球俱乐部、一个冰壶俱乐部，还有一个速滑俱乐部。俱乐部成员全部是5~12岁的青少年，俱乐部成员来馆里进行活动训练是免费的，这充分反映了当地政府对于青少年参与冰雪运动项目的支持，也收到了很好的成效，并培育出了许多忠实的冰雪项目爱好者，极大地推进了法国冰雪项目运动的发展。

研修班全体学员还参观了法国夏斗湖市政府和省级体育运动之家，法国夏斗湖市主管体育的副市长马克·福勒亥（Marc Fleuret）先生与学员们就夏斗湖体育运动开展与推广进行了充分的交流。马克·福勒亥先生专门谈到了当地政府对于推动青少年积极参与体育活动的重要举措——夏斗湖市每个学校均配备专门的体育教师，同时市政府还增设了15名教练，为青少年开设除学校体育之外的每周一节的体育课程。以小学为例，5年的小学学习，青少年每个季度可尝试一个体育运动，以此促进学生更好地形成良好的体育运动习惯，以便在将来能参与更为专业的俱乐部体育。夏斗湖的体育运动之家属于省一级体育机构，主要用于面向大众，尤其是针对青少年的体育培训和体育运动，省级政府每年向该体育运动之家提供16万欧元（折合人民币约为128万元）资助，以确保体育运动之家可以免费向民众提供体育运动场所和培训。民众来体育运动之家学习体育项目是不需要付费的。该体育运动之家主要用于启蒙体育教育，主要针对青少年群体。小学至高中的学生或曾经在体育类专业院校学习的人，体育运动之家才会接待。

青少年在夏斗湖省级体育运动之家进行游泳培训

法国圣热尔韦勃朗体育馆的滑冰场是按照奥运会比赛场馆标准设计和建造的。2018 年，该滑冰场将举办花样滑冰世界杯比赛，平时滑冰场可供花样滑冰俱乐部进行训练。俱乐部有 150 名成员，世界花样滑冰的冠军伊莎贝尔也是该俱乐部的教练。在这里，冰雪项目很多，存在很强的竞争，但群众基础好，无须担心学生生源的问题。该花样滑冰俱乐部主要面向年轻人培养。当被问及如何激励青少年运动员时，教练员说不存在激励的问题，这主要是由于当地的文化所致，当地人非常热爱冰雪运动，起点高，不必实施特别的激励措施。青少年在俱乐部训练的同时，还要完成学业。青少年在训练的过程中，通过考核还可以拿到运动员等级证书。学校组织的学生来滑冰是免费的，另外，5 岁以下、75 岁以上的顾客也是免费的。当地儿童每年学习滑冰支出的费用为 400~500 欧元（约合人民币 3 000~4 000 元），教练员不收学费，在俱乐部领取工资，俱乐部享受政府补贴。许多年轻的冰雪项目选手通过俱乐部培训，已经具有了较好的运动水平。以圣热尔韦勃朗冰壶俱乐部为例，该俱乐部拥有 40 名会员，其中 15 名是成年人，25 名是 12~17 岁的青少年。目前，已有 8 人可参加欧洲级比赛，有两人已经入选了法国冰壶国家队。陪同参观的圣热尔韦勃朗体育馆工作人员表示，希望2022年时这两名冰壶选手能代表法国去北京参加冬奥会比赛。

研修班成员在圣热尔韦勃朗滑冰馆与俱乐部运动员合影

法国的许多冰雪项目场馆都在积极地推动青少年参与体育活动，这些都对青少年的冰雪体育素养培育发挥了积极作用。8月20日，北京体育大学2018年冰雪项目骨干教师（教练员）赴法国研修班的全体学员参观了法国阿尔贝维尔梅杰夫体育运动中心及伊泽尔谷滑雪场。梅杰夫体育运动中心所在城市常住人口仅有3 500人，但整个梅杰夫体育运动中心建筑面积达35 000平方米，该体育馆为国际赛事提供俱乐部队员及运动员的训练准备，以及为城市居民，尤其是学生的体育运动提供保障及服务，可提供给学校以及各类体育俱乐部（成员以青少年为主）使用。

四、其他国家、国际体育组织对青少年的冰雪体育素养培育

不仅是法国，欧洲的许多国家以及国际体育组织也十分重视推动青少年积极参与体育活动。在北京体育大学法国夏斗湖校区，北京体育大学2018年冰雪项目骨干教师（教练员）赴法国研修班的全体学员有幸聆听了包括世界冰壶联合会主席凯特·凯斯内斯女士、国际滑雪联合会

秘书长萨拉·路易斯女士、国际田联名誉副主席海尔默特·狄更尔博士等诸多专家学者有关于冰雪项目开展和冰雪文化推广的讲座。其中，与北京体育大学有着良好关系与合作的荷兰瓦格纳集团总裁菲利普·瓦格纳（Philip Wagner）教授在其讲座中，深入探讨了青少年体育素养培育的重要性。菲利普·瓦格纳教授认为，良好的体育文化是指全社会都在积极参与体育活动，如果一个人在年少的时候积极参与体育，那么，他工作后还会继续积极参与。良好的体育文化是人生的每个阶段都在积极地参与体育活动。良好的体育文化在社会中的体现是每一个人都能方便地参与体育活动。我们应该积极地为每一个人，尤其是青少年积极参与体育活动提供更多的有利条件，帮助其养成良好的体育习惯。

现任国际滑雪联合会秘书长萨拉·路易斯女士在“冬奥会与中国滑雪运动的推广”讲座中，专门介绍了国际滑雪联合会把儿童带向冰雪的重要经验——总体而言，国际滑雪联合会已经协助53个国家开展了6 483次滑雪活动，促使3 200 000名儿童参加相关的滑雪活动。中国滑雪协会也开展了大量的活动，通过与滑雪站一起开展相关活动，使参加滑雪运动的儿童人数不断上升。研究表明，在欧洲阿尔卑斯山附近的儿童，如果14岁之前没有从事滑雪相关运动，他们一生可能都将不从事滑雪运动。基于此研究，国际滑雪联合会积极推动儿童参与滑雪运动。目前国际滑雪联合会开展的针对儿童的活动主要有：一是“雪娃”项目，二是“雪上运动推广日”（每年第一个月的第三个周日）活动，并通过社交媒体报道这些活动，积极地进行宣传和推广。在这些活动中，各个国家开展了不同形式和内容的儿童滑雪活动，如奥地利所有小学生都可以免费乘坐缆车；加拿大所有4年级和5年级的孩子可在156个滑雪站享受三天免费滑雪；瑞典全境享受免费课程和相关滑雪设备；芬兰全境学生和家长也享受免费的课程及相关滑雪设备；中国的“雪上运动推广日”活动也为儿童提供免费的滑雪服务。

五、结　语

中国篮球协会主席姚明曾经在接受《中国青年报》记者采访时表示，中国体育产业发展与发达国家还有一定的差距，而这种差距多表现在对青少年体育兴趣、爱好的引导上，“我们应该用拼积木的方式，以体育竞赛为核心，把体育元素拼接起来，这样才能让青少年喜欢上体育。”任何文化如果没有广泛的文化认同和群众基础，都是难以为继的。体育是一种对于人类生存与发展至关重要的社会文化活动，我们应充分调动民众尤其是青少年发展和参与冰雪项目以及冬奥运动，积极培育青少年冰雪体育素养至关重要。“少年强则国强”。青少年是祖国的未来与民族的希望，是中国特色社会主义事业的接班人，青少年的健康成长是社会发展的重要主题。青少年对于体育的认知、态度与行为将直接影响体育事业的健康发展，我们应积极创造各种有利条件，加强青少年冰雪体育素养培育，促进其养成良好的体育运动习惯，这不仅将大大有助于青少年健康、快乐地成长，也将对推动包括冰雪项目在内的体育事业的快速发展产生积极而深远的影响。

创新理念

我国冰雪运动报道中存在的问题及对策

新闻与传播学院　贾静

法国是世界上冰雪运动发展水平较高的国家。法国冰雪运动的普及率高、产业化水平高，拥有大批优秀运动员和教练人才，还曾三次举办冬季奥林匹克运动会。法国冰雪运动的发展经验能为其他国家的冰雪运动的相关事态提供结构性的参照依据。

媒介化时代，任何体育运动都与大众媒介有密不可分的关系。冰雪运动通过大众媒介的传播获得广泛持久的关注，大众媒介的报道直接影响民众对该项目的认知水平和体验层次。伴随2022年冬奥会申办过程，我国冰雪运动的报道取得长足进步。

相关研究显示：自申办冬奥会至今，我国主流媒体、体育专业媒体及其新媒体平台的冰雪运动报道在数量和质量上已经取得了较大突破，冰雪运动的宣传价值、新闻价值和体育价值已经形成了良好的传播态势，但三大价值的实现还有提升空间。

一、我国冰雪运动相关报道价值实现的状况与问题

（一）在宣传价值的实现上

我国主流新闻媒体、体育专业媒体及其新媒体平台，在实现冰雪运动的宣传价值上表现出色。各大媒体对申办 2022 年冬奥会的过程与申办成功后各项筹办工作进行了充分细致的宣传报道，围绕冬奥会宣传鼓劲，效果显著。各大媒体呈现出有计划、有步骤、积极扩展宣传报道领域和报道范围的整体思路。但当前的新闻报道对冰雪运动的深层价值与中国当代社会主流话语的对接存在一定的滞后。例如，冬奥会报道中忽略了冰雪运动与“人类命运共同体”的内在关系，对此类理念宣传报道还有不足。

（二）在新闻价值的实现上

我国主流媒体、体育专业媒体及其新媒体平台，都高度重视冬奥会上我国有望夺金的项目，冰雪运动中的新兴项目也成为新闻报道关注的焦点，这体现出新闻媒体对新闻价值的高度敏感。各大媒体还注重对冰雪运动的相关背景、相关知识、相关组织、相关规则、相关赛事的报道，充分满足受众的知识诉求。更多的媒体对我国冬奥会筹备过程持续跟进，吸引了受众的注意力。冰雪运动报道实现了知晓价值、教育价值、审美价值等新闻价值，但对冬奥会奥林匹克主义的传播还显不足，对冬奥会认识价值的实现还可以继续深入。

（三）在体育价值的实现上

主流新闻媒体、专业体育媒体及其新媒体平台，在体育价值的实现上，日益摒弃金牌至上的价值观念，重视冰雪运动中的人文价值、商业价值、娱乐价值、文化价值、社会价值的报道，符合我国现阶段对体育社会功能的认识。但对冰雪运动本身独特的社会文化价值的报道稍显不足。

针对这三方面的问题，考察法国冰雪运动发展的现实情况，反思法国等国家学界、业界专家对相关问题的探讨，听取冬奥会官员的观点和主张，得到很多启示。

二、从法国冰雪运动发展得到的启示

（一）冰雪运动的宣传价值与人类命运共同体

法国滑雪教练陈山龙先生在 8 月 14 日的讲座“穿越时间探讨滑雪方法”中介绍：公元前 3000 年，欧洲的斯堪的纳维亚地区和中国新疆的阿勒泰地区，是人类冰雪运动两个最早的发源地。两个地区的岩石雕刻中都有相关遗留。后来滑雪运动逐渐传播到世界各地。世界冰壶联合会主席凯特·凯斯内斯女士也曾在 8 月 17 日的讲座“古往今来话冰壶”中提到：几百年前苏格兰修道士偶然发明冰壶运动，逐渐发展成为苏格兰人喜爱的运动。18 世纪到 19 世纪苏格兰的圈地运动迫使农民离开故土，也将冰壶运动带到了世界各地，从而发展成冬奥会上最受欢迎的项目之一。这些历史故事说明，全世界冰雪运动发展过程趋同，从原始出行、狩猎与战争的交通方式，发展成为民间的游戏和娱乐，在不断传播的过程中演化为体育项目或体育赛事，在现代化过程中经由商业力量的注入成为体育产业。规律使然，苏格兰的冰雪运动如此，法国冰雪运动的发展如此，中国冰雪运动的发展也一样，在这些普遍的过程中蕴藏着人类沟通的基础，凝聚着人类从古至今生产生活的共同体验和美好情感，恰是人类命运共同体中的应有之义，应该得到较好的宣传。

（二）冰雪运动的新闻价值与奥林匹克主义

国际田联前副主席海尔默特·狄更尔（Helmut Digel）教授在 2018 年 8 月 16 日的讲座“冬奥会对经济的影响”中，特别问学员：“请问大家，冬奥会和其他体育赛事有什么区别？”随后自行回答：“奥运会的主要特点就是奥林匹克主义。”可见奥林匹克主义的重要程度。奥林匹克主义是将身、心和精神方面的各种品质均衡地结合起来，并使之得到提高的一种人生哲学。它将体育运动与文化和教育融为一体。奥林匹克主义所要建立的生活方式是以奋斗中所体验到的乐趣、优秀榜样的教育价值和对一般伦理的推崇为基础的。奥林匹克主义是世界上为数不多的具有普遍适应性的共同价值，也是奥林匹克运动长盛不衰的内在精髓，更是冬奥会最重要的新闻价值。奥林匹克主义既体现出冰雪运动新闻价值的重要性，也体现出其显著性。忽视了冰雪运动新闻价值中“奥林匹克主义”的认识价值，就弱化了冰雪运动与奥林匹克的关联。

（三）冰雪运动的体育价值与冰雪神话

法国体育学界与业界资深人士都非常重视冰雪运动的个性特征。1992 年阿尔贝维尔冬奥会开幕式的服装、道具与形象，由著名设计师菲利普·德库弗（Phillippe Decoufle）先生设计。这些作品因其丰富的想象力，成为此后冬奥会开闭幕式竞相模仿的对象。在阿尔贝维尔冬奥之家，长期展出第 16 届冬奥会开闭幕式的实物，这些实物极富创造性，充满灵感，展现阿尔卑斯山地区，包括法国、瑞士等国家的古老文化。这些设计带有浓厚的欧洲古代神话色彩，呈现出凯尔特神话、北欧神话中美伦美奂的神话原型。神话具有认识价值，沉淀在人类的集体无意识中的神话原型，既反映出不同民族文化的差异性，也反映出人类文化的普同性。体育运动本身既是民族的，也是世界的，体育文化蕴含着世界各种文化源头的精神意象，不同项目包含着不同的文化意象，而相同项目则包含着极为接近的文化意象。比如我国新疆阿勒泰地区流传的冰雪运动的神话与北欧冰雪神话中的人物的个性特征非常接近，如诸神凌厉的个性、刚勇的作风、决绝的姿态、对命运永不妥协的英雄主义。这些个性展现出冰雪世界的冰冷、奇幻与崇高的特征。有趣的是，在很多冰雪运动员的身上也有类似的性格特征。这种冰雪运动项目的个性特征，在我国的冰雪运动报道中还不够充分。冰雪文化深层理念的分析还有所欠缺。

三、提高冰雪运动报道价值的策略

（一）融合新的时代精神

围绕冬奥会的宣传鼓动工作，应当与我国既有的宣传理念相结合，尤其是与“人类命运共同体”等高屋建瓴的崭新意识相结合，打通抽象的宣传理念与具象的报道对象之间的内在关联，让体育宣传工作具有时代精神，让体育宣传深入人心。对冬奥会的报道应当透过报道事实的表象，透视到冰雪运动中人类的共同价值。

（二）发掘奥林匹克主义的核心价值

在冰雪运动报道中，应当强化奥林匹克主义的认识价值，增强奥林匹克价值的社会影响。新闻媒体应当以教育一代青年正确认识法国教育家顾拜旦先生提出并奉献一生的奥林匹克主义为己任。以“奥林匹克理想”帮助消解当代世界普遍存在的消费主义和极端个人主义的弊端，为建立更加和平美好的新世界提供助益。奥林匹克主义应当成为冰雪运动报道的重要主题。

（三）引入个性鲜明的奥林匹克英雄

冰雪运动的报道见事也要见人，用个性鲜明的冬奥英雄故事为冬奥会报道画龙点睛，是提升体育价值的关键。新闻媒体在夏季奥运会报道中塑造了杰西·欧文斯（Jesse）、埃里克·利德尔（Eric Liddell）、马特·比昂迪（Matt Biondi）等一大批奥运英雄的伟大形象，运动员与自己的项目一起成为人类历史上的精神丰碑。冬奥会报道也应回溯并且塑造更多的冬奥英雄，通过人格化的运动形象传播冰雪运动的文化特质。冰雪运动造就了一代又一代伟大的运动员与教练员，但为世界多数青年所熟知的冬奥会英雄还为数不多，有待媒体的传播推广。

除了主流媒体、专业体育媒体及其新媒体平台的冰雪报道之外，新媒体时代形形色色的社会化媒体也在报道冰雪运动。社会化媒体的冰雪报道往往极具个性，时常带有营销色彩。这些报道诉诸个人感受和精微体验，对受众冰雪运动的观念、度假方式、生活方式，乃至“三亿人参与冰雪运动”的目标的实现有较大影响。社会化媒体的传播方式、情感诉求、语气语态、价值引导，在新媒体传播背景下，值得主流媒体和体育专业媒体借鉴。社会化媒体冰雪运动报道实现的宣传价值较少，实现的新闻价值较大，实现的体育价值最大。事实上，由于冰雪运动的普及程度有待提高，我国社会化媒体对冰雪运动的传播，相对于其他项目还十分有限。冰雪项目的推广还需要大众媒介尤其是主流媒体与专业体育媒体的大力推进。

在研修期间，聆听多位授课教师提及冰雪运动的历史文化故事，激发自己对我国冰雪报道存在的问题与对策进行思考。由于语言的障碍，无从深入了解法国媒体报道冰雪运动的历史与现状，对我国媒体冰雪运动报道策略的思考，仅仅依据在法学习期间对冰雪运动本身的认识。新闻的本源是事实，新闻的来源是事实，作为事实的报道对象直接决定了报道内容的价值实现，通过对报道对象发展规律的考察能够为思考相关报道提供参考的理据。

以对我国冰雪运动新闻报道的宣传价值、新闻价值、体育价值三个层次的价值实现的思考，作为自己本次学习的个人总结。

完善的滑雪培训体系与发达的冬季体育产业

——法国研修有感

中国冰球运动学院　熊铮

非常感谢学校委派我参加了北京体育大学 2018 年冰雪项目骨干教师（教练员）赴法国研修班，我有机会见证了位于法国夏斗湖市的北京体育大学法国夏斗湖校区的揭牌仪式。为期 21 天的学习、参观和考察，不仅使我对冬季运动项目有了更深的了解，更拓宽了我的视野，看到了我国冰雪项目发展的巨大潜力。

法国是滑雪旅游产业大国，拥有世界上最广泛的可滑雪区域、最大的机械牵引装置园和最大的滑雪区域开发商——阿尔卑斯公司。滑雪人口和经济收入居欧洲前列。因此，此次法国之行让我对滑雪产业从宏观到微观、从理论到实践都有了一个较为全面的认识。

此次培训课程结构设计合理，分为讲座学习和实地考察两部分。讲座学习期间，我们接受了大量内容丰富的知识。通过这一系列课程使我对滑雪这一运动以及其相应的竞赛及赛会管理机制有了更进一步的了解，同时也学习到了与专业的滑雪技术诊断相关的先进技术；实地考察期间，我们前往各大滑雪场、冰场，通过亲身体验，同时也有机会参观夏斗湖市政府，了解到了其对于当地体育活动发展的重要的支持与管理作用。与此同时，在同培训班内的各位领导教授及其他专家学者在一起学习、不断沟通的过程中，也学习到了很多，得到了许多启发。

经过三周的学习，我印象最为深刻的就是法国完善的滑雪培训体系以及发达的体育旅游产业。现将本人在此次研修班学习的收获整理如下。

一、建立先进的滑雪项目培训体系

参观雪场并与负责人进行沟通后，我们了解到，在法国，所有滑雪教练都必须在法国国立滑雪登山学校（ENSA）接受为期四年的培训。培训期间，学员不仅需要学习滑雪技术，还需要学习其他相关知识包括对雪的认知度、地理知识等，其中“山区知识”为所参加培训教练员的必修课程，并经过三个周期的考试合格后，才可取得国家认证的执教文凭。取得文凭后，教练可以到滑雪学校任教，如法国滑雪学校（ESF）、Evolution2 和 Oxygene 等滑雪学校。然而如果教练只有这一文凭，还不能带学生上雪道滑雪，他还需获得高山导游证这一必备资质。

学员方面，取得证书的教练有资格组织学员进行各种测试，这些测试在法国称为“星星”，每个星星对应着学员获得一枚奖牌。学员随时可获知自己的进步，同时也可以激励学员获取更多的“星星”，最高奖为“金星奖”。“星星”在各滑雪站之间互认，这样如果家庭更换滑雪站，新的滑雪站教练只要看其拥有的“星星”便知其水平，以进行相应指导，从而避免了教学进度重复以及资源的浪费，使学生能够不断地提高滑雪水平。

在这些专业滑雪教练员的带领下，学员的安全得到了充分保障，同时通过接受专业的训练课程，学员能够在较短的时间内掌握基本的滑行技巧，从而培养对滑雪这一运动项目的兴趣和喜爱，吸引他们在未来仍会参与该项运动。

反观国内，滑雪教练员文化水平不高，同时持证上岗的教练员少之又少，甚至多数教练员的滑雪技术还停留在业余水平，一些教练不懂理论知识，从未接受过专业培训，仅自学了几个基本动作便去进行滑雪教学，其专业素质与合格教练员相比还相去甚远，导致无法达到理想的教学和训练效果，甚至有可能对学员造成误导。

因此，我认为，由于滑雪运动具有一定的专业性和危险性，稍有疏忽便可能造成悲剧，教练员的培训便显得至关重要。国内应当借鉴法国的成功经验，建立完善的滑雪教练员训练体系，确保每个滑雪场都能够聘请滑雪专业教练员，做到每个教练员持证上岗，不仅从数量上能够满足游客的需要，而且在专业水准上要求严格，从而保证了滑雪教练的质量。只有对游客的生命安全负责，才能够确保滑雪场的可持续发展。

二、顾客体验是提高滑雪项目大众参与度的关键

通过参观法国的数个滑雪场、滑冰场，我感触最深的便是其自始至终都在竭尽全力为顾客提供优质的服务体验。周到的服务可弥补旅游地资源、设施的不足。滑雪者的第一次经历至关重要，它直接决定了其今后是成为滑雪爱好者还是从此放弃。因此，对于滑雪场来说，有必要更好地确定消费者的需求和期望值，提供高品质的服务。法国滑雪场便实施了一系列准备工作来提升顾客的舒适度和体验感。

硬件方面：法国的滑雪场在设计时会对当地的交通条件进行全面的考虑。影响一些老的滑雪站运营状况的主要因素之一就是交通不便，这是由于如果滑雪爱好者带着家人、孩子前往，首选必然是交通便利之处。在法国，滑雪站大都离高速公路很近，山上有缆车可将滑雪爱好者直接送至山峰。

为了让滑雪者拥有更好的体验，滑雪场相互之间还建成了互相连接的共享赛道，长度绵延上百千米，目的是让各滑雪点之间形成赛道网络，以使滑雪爱好者有更多的线路选择。例如，滑雪天堂（Paradiski）滑雪道更是长达 425 千米，高山缆车有 242 条，使家庭可以在一个星期内不

重复线路滑雪。

软件方面：法国滑雪场具有一体化的服务体系和先进的服务理念。滑雪场具有完善的服务业，如酒店、餐饮、公路维护、出租车、道路滑雪等。在开发过程中注重实效，使游客的吃、住、行、游、购、娱切实得到实惠和完美体验。同时，滑雪场在日常管理工作中会对员工实施合理且人性化的管理方式，尤其注重滑雪场服务人员的培训和监督。虽然滑雪站只有一小部分员工是全职人员，大部分为季节性工作人员，但其高效的管理方式使员工尽职尽责。

值得一提的是，法国的各大雪场都创立了自己的官方网站，滑雪者可以登录网站预定门票或房间，也可以根据自己的要求预约合适的教练，同时还可以在线实时查看滑雪场的电子地图、所开放的雪道以及缆车和当天的天气、温度等。在网站的协助下，滑雪者可以为自己的旅行做好准备，从而获得更好的滑雪体验，这也不失为一种有效的提升游客好感的服务手段。

三、国内滑雪场急需探索四季运营模式

通过对法国各大滑雪站进行考察，我发现其设置了丰富多样的冬季活动，如滑雪、滑雪板、徒步旅行、越野滑雪、滑冰、滑雪橇、高山步行、雪鞋行走等。同时，有趣的是，这些滑雪场还有一个共有的特点便是其不仅仅将经营时间局限在冬季，它们的夏季活动同样丰富，除了常规的音乐会、电影、时装秀等，为使运营收益不断增加，还建设了高尔夫球场、溜冰场、越野赛道、自行车道、徒步道等来开展相关运动。同时值得注意的是，一些滑雪站会根据地形增加攀岩、山地自行车、徒步旅行、独木舟、滑翔伞、夏季平地雪橇、骑马、射箭、排球等，从而增加了自身的独特性和魅力。总之，各大滑雪站根据各自的实际状况开发了适合自己的夏季项目来吸引更多游客前往，从而形成良性运转的四季运营模式。

同时，滑雪场可以结合自身的特点发挥自身优势，酝酿特有的滑雪

文化或针对不同的目标人群，打造自己的特色活动，增加与目标市场需求的契合度，避免同质化竞争，从而获得固定的消费人群。以夏莫尼地区为例，法国在19世纪末20世纪初在该地有数个滑雪场，但由于其基础设施不完善，只吸引了本地和少数国外的滑雪爱好者。奥运会的举办改善了原有滑雪场基础设施不完善的情况，同时这些滑雪场作为奥运遗产，有着其特殊的历史意义，并在那之后一直被充分利用。

因此，我认为国内的滑雪场应当充分借鉴法国滑雪场在运营方面的成功之处，比如在初期选址时，要充分考虑当地的气候环境以及自然资源，力争未来将滑雪场建成春、秋季观光，夏季避暑游玩，冬季滑雪的旅游胜地。

通过采取四季运营的模式能够有效解决滑雪场资源闲置的问题，并使投资商能够较快获得投资回报，从而摆脱“一年闲三季”的状态，突破夏季运营的瓶颈，完成滑雪场的成功转型。

四、结　语

21天的法国学习转瞬即逝，通过此次短期学习和考察，我对法国在滑雪事业方面的培训体系、赛事运营以及滑雪项目大众普及方面有了更为深入的认识和了解。总体上看，法国滑雪产业发展历史悠久，已经进入了比较成熟的阶段，且滑雪目的地数量多、规模大、设施先进而完备，滑雪胜地综合运营能力十分强大，对于我国在接下来的2022年冬奥会的筹办工作具有较高的借鉴意义。

以上便是我的心得体会，接下来我会尽力将此次学习到的知识应用到实践工作当中，并以此为动力，不断地提升自己的专业水平，督促自己时刻不忘初心，为中国冰雪事业的发展贡献自己的微薄之力。

实证调研

法国冬奥会举办地考察及对我国冰雪项目发展的启示

奥林匹克高等研究院　王芳

法国境内的罗纳（Rhône）—阿尔卑斯山地区拥有全球最大的滑雪场，总面积 6 000 平方千米。这里曾举办过 1924 年夏莫尼冬奥会、1968 年格勒诺布尔冬奥会和 1992 年阿尔贝维尔冬奥会，是全球冬季项目、尤其是滑雪项目的重镇。

以筹办 2022 年北京冬奥会为契机，国家体育总局于 2018 年 8 月 6—26 日主办了“北京体育大学 2018 年冰雪项目骨干教师（教练员）赴法国研修班”。本次培训组织了对冬奥会举办地夏莫尼和阿尔贝维尔等城市的实地考察和现场教学等活动，通过参观冬奥会场地设施、冬奥之家、城市体育设施、与相关人员座谈等，我加深了对冰雪运动及其开展等的理解，并对我国冰雪运动发展进行了一定的思考。

一、夏莫尼、阿尔贝维尔和基利滑雪场等地的基本情况

夏莫尼位于法国东南部，属于法国上萨瓦省（Haute-Savoie）行政区，人口只有 9 000 多人，面积 116.9 平方千米，海拔在 900~4 808 米。夏莫尼地处法国、瑞士和意大利交界处，位于欧洲勃朗峰脚下，是全球著名的滑雪胜地，1924 年第 1 届冬奥会便在此举办。夏莫尼的雪区由 3 家大型高海拔雪场和 4 家中小型低海拔滑雪场组成，拥有欧洲最高的缆车站和世界上最长的雪道布兰奇河谷（Valley Blanche，约 21 千米）。整个雪区包括 7 个雪场，其中两个雪场间可以通过缆车互连，其他雪场之间则必须通过穿梭巴士。

阿尔贝维尔是地处法国与瑞士、意大利交界处的一座山城，曾举办过 1992 年第 16 届冬奥会。为筹办冬奥会，阿尔贝维尔在原有滑雪度假旅游区的基础上，新建了多处现代化冰雪运动设施，其中莱蒙纽耶（Les Menuires）滑雪场和瓦勒迪泽尔（Val Dlsère）高山滑雪场供举办男子比赛之用；美瑞贝尔（Méribel）雪场供举办女子高山滑雪比赛之用；莱萨尔克（Les Arcs）和雷塞兹（Les Saisies）两处滑雪场供越野滑雪和冬季两项比赛使用；此外，还兴建了可容纳 6 000 名观众的冰球场、可容 3 万人的体育场和 400 平方米椭圆形冰场，分别用于开、闭幕式和冰上项目比赛。

基利雪区（Espace Killy）得名于法国著名的高山滑雪冠军简・克劳德・基利（Jean-Claude Killy），它由蒂涅滑雪场和伊泽尔谷滑雪场两个雪场组成。蒂涅滑雪场最初是伊泽尔谷河河畔的小村庄，从第二次世界大战前即开始兴建滑雪场。1952 年，法国决定在蒂涅村修建一座欧洲最大的水电站，村民因此向山上迁徙，并最终在海拔 1 860 米的位置重建村庄，这也成为法国在海拔 2 100 米处兴建现代风格公寓建筑群的开始。蒂涅滑雪场是法国第一个推动自由式滑雪文化的雪场，和夏莫尼滑雪场相比，其最大优势是在雪场中心区有很多现代化公寓，它们距

离雪场非常近，可以获得性价比最高的滑雪体验。伊泽尔谷滑雪场是一个自第二次世界大战前就开始运营的老牌雪场，其最著名的雪道“La Face雪道”是1992年阿尔贝维尔冬奥会高山滑雪男子高山速降的赛道，这条雪道总长度只有3千米，但落差达到959米，雪道坡度最高可达71°。由于雪道基准难度较高，伊泽尔谷滑雪场的很多初中级雪道比其他雪场的高级道难度还大，这也使得它成为欧洲冬季极限运动首选雪区。

基利雪区的地理位置得天独厚，由于靠近法国与意大利交界处的多座高峰，故它既能获得和法国其他雪场一样从大西洋带来的降雪，又能获得地中海低压带带给意大利阿尔卑斯山雪场的降雪，是欧洲最能保证雪质的雪场。特殊的地理位置使基利雪区每年能开放的时间非常长。其中，蒂涅滑雪场每年冬季雪季可以从9月开始一直到次年5月。由于基利雪区的雪质非常好，许多大型世界级滑雪赛事都在这里举办。

二、对我国冰雪运动发展的启示与思考

（一）举办冬奥会等高水平赛事将成为促进我国滑雪运动全方位开展的有效手段

法国罗纳－阿尔卑斯山地区是全球最好滑雪场的集中区域，其滑雪场运营及冰雪产业发展一直是行业的全球领航者，而追溯法国滑雪运动及滑雪产业发展，与冬奥会关系非常密切。法国的滑雪度假区建设始于19世纪末20世纪初，第一次世界大战前即建立有20多个滑雪场，但最初时期，由于基础设施不完善，仅能吸引本地和极少数国外的滑雪爱好者。以1924年第1届夏莫尼冬奥会为契机，该地区的基础设施建设得到了大力改善，既为当地的滑雪爱好者提供了更为完善的冬季运动项目基础设施，又极大地增加和该区域以及国外滑雪场进行竞争的筹码。此外，通过举办冬奥会，夏莫尼的美誉度迅速提升，获得了全世界的认可，成为全球滑雪爱好者的圣地。1992年阿尔贝维尔冬奥会也有同样效果，

为筹办这届冬奥会，阿尔贝维尔新建了铁路、公路、旅馆等基础设施，极大地改善了当地的基础设施条件，促进了该地区可持续发展。同时，作为冬奥会遗产，很多滑雪赛道一直在被充分利用，如前文提到的伊泽尔谷滑雪场的著名雪道“La Face 雪道”，是 1992 年阿尔贝维尔冬奥会高山滑雪比赛男子高山速降项目的场地，它以难度高著称，多次在如高山滑雪世界杯上被再次使用。

相对于欧洲，我国滑雪运动和滑雪产业开展起步较晚，早期的滑雪场主要服务于竞技体育，市场容量有限。1996 年，为举办第 3 届亚洲冬季运动会而建设的亚布力风车山庄拉开了中国大众滑雪项目发展的序幕。中国滑雪运动和滑雪产业由此开始真正发展起来。2022 年北京冬奥会无疑将成为我国滑雪产业发展的有力推动剂，根据公布的信息，2022 年冬奥会赛事编制预算规模为 15.6 亿美元，包括场馆运营、人力资源支出及医疗、通信、交通等方面。此外，非组委会场馆预算投资总额为 15.1 亿美元，将大量引入社会资本，预计会有 65% 的资金来自社会投入。以冬奥会为契机的基础设施条件的改善将大大提升延庆和崇礼等冬奥会举办地的吸引力，并将带动华北地区如承德、密云等滑雪度假区域的发展。此外，2022 年冬奥会还将有力提高大众对于滑雪运动的认知和热情，极大提升冬奥会雪道的国际影响力。

（二）冰雪项目发展需注重发挥政府的支持引导作用

滑雪产业的发展离不开政府的支持引导。法国罗纳 - 阿尔卑斯山地区作为全球领先的滑雪度假区，从 20 世纪 60 年代起，欧洲开始实行山区产业振兴计划。当时，政府开始积极组织制定滑雪产业规划、政策法规等，并且非常重视滑雪产业的教育、科研和推广，不断加大投入力度，鼓励大规模滑雪场的投资建设。在法国、瑞士和奥地利的一些山区，滑雪也被视为主导产业。与之前的滑雪场主要基于原有村落改建不同的是，全新的滑雪场全部规划在以前居民的空地，建在更高的海拔高度上，并且避免位置偏僻，以利于夏季旅游的继续开发。法国罗纳 - 阿尔卑斯山地区滑雪场的经营属于社区模式，雪道由众多农场主共同所有，单个度假区内的缆车公司、滑雪学校、滑雪公共汽车以及其他服务是相互独立的，滑雪场经营者、索道经营者、器材经营者、宾馆经营者分开经营、独立核算。社区模式的特点是每个独立公司与其他公司都具有紧密联系；鼓励每一个独立公司之间进行针对消费者服务方面的良性竞争，而非价格竞争。从法国经验看，政府的支持引导在冰雪项目和滑雪产业发展中将起到重要作用，这与当前我国筹办冬奥会、促进消费和产业升级、大力发展体育产业和休闲产业的大格局相契合，在实际过程中，如果充分发挥政府的支持引导作用，整合各方资源，将成为未来冰雪运动和冰雪产业发展的重要抓手。

（三）应重视冰雪运动人才培养并加强人才培育的行业监管

由于项目的特殊性，冰雪运动人才培养一直是各国发展冰雪运动和冰雪产业过程中的重要问题。作为雪上运动大国的法国对于滑雪人才培养高度重视。法国国立滑雪登山学校（ENSA）由法国政府于 1946 年建立，归由法国体育部直接管辖，它的使命是“发展和提高山地运动水平，研究和分析山岳安全风险，训练高水平运动员”。ENSA 的任务包括高山滑雪指导员资格证书的培训和认证工作；高山向导资格证书的培训和认证工作；滑翔伞教练资格证书的培训和认证工作；第二和第三层级的高山滑雪救援队的培训工作等。ENSA 在登山和滑雪人才培养方面有着严格的培训、考核、认证体系，获得该校证书是滑雪行业教练从业上岗的先决条件。

目前，与欧洲各国的滑雪教练员培训体系相比，我国的滑雪教练员培训体系还存在很大差距。目前，国内只能做初级资质培训，资格认证水平不高，也没有相关部门制定规则对此进行推动和约束，这最终导致了滑雪教练员的匮乏，高水平的教练更是稀缺。

（四）冰雪项目发展应大力提升综合运营能力

从全球范围来看，越来越多的滑雪度假区通过高水平的服务、活动与产品的多样性来提升滑雪爱好者的认可。在经营中，除滑雪需求外，各个滑雪场会尽量提供其他能够满足游客需求的多种产品，通过超强的综合运营功能拉动消费。以法国夏莫尼为例，该地区除滑雪外，还举办了大量重要体育赛事。1979 年，第 1 届山地越野赛在夏莫尼举行，400 名运动员参加了长度为 23 千米的山地越野比赛。目前，夏莫尼勃朗峰山地越野赛共有 10 千米到 90 千米等 8 种不同长度的比赛项目，参赛人数超过 1 万人，通过举办这些赛事，每年可创造 674 万欧元的收益。在夏莫尼举办的攀岩世界杯，共包括竞速赛、难度赛、攀石赛等 3 大项的比赛，2 天的赛程，接待的运动员和观众可达 3 万人，决赛当天的现场观众可达 1.7 万人，是全世界观众最多的攀岩比赛。2016 年夏莫尼高山滑雪世界杯，观众达到了 3 万人，600 名工作人员（其中 300 名为志愿者）为赛事提供服务，总预算超过 170 万欧元。40 个国家现场直播了该项赛事。在这些赛事举办期间，还将举办各种不同形式的体育展会，不仅获得了经济上的回报，而且还提升了当地居民和游客的满意度，促进了区域经济的全面发展。

从夏莫尼的成功经验，我们看到，在传统滑雪市场逐步饱和的阶段，滑雪活动的旅游休闲属性开始凸显，进一步细分市场成为滑雪场挖掘新利润增长点的重要选择，非滑雪爱好者开始受到更多的关注。投入温泉、健身馆、桑拿中心和日光浴场，开发会议、教育活动、节日赛事、疗养、登山、徒步旅行等四季适宜的项目及全天候旅游项目已成为滑雪度假区的重要内容。我国的滑雪度假区建设还处于初级阶段，在滑雪度假区规划建设过程中，应充分借鉴成熟滑雪度假区建设和经营经验，将非雪季经营和非滑雪爱好者需求满足放在重要位置。

法国阿尔贝维尔冬奥会场馆的赛后利用模式及其对我国承办冬奥会的启示

管理学院　邹新娴

为更好地做好 2022 年北京冬奥会后备人力资源的储备工作，进一步提升北京体育大学骨干教师、教练员、科研人员的冬季项目教学、训练和科研能力，学习借鉴法国举办第 16 届冬奥会的赛事组织管理、赛后场馆运营、人才培养和运动训练的相关经验，我参加了 2018 年 8 月 6 日—26 日为期 21 天的“北京体育大学 2018 年冰雪项目骨干教师（教练员）赴法国研修班”的学习。在这 21 天里，我作为团长带领 24 名学员顺利完成了学习任务。这次培训不仅进一步补充了我在奥运赛事组织及场馆赛后利用方面的相关理论知识，而且通过在培训期间对第 1 届和第 16 届冬奥会滑雪训练、滑冰训练、比赛场地的实地考察，使我对冬奥场馆的赛后利用情况有了更为直观的认识。

一、法国阿尔贝维尔冬奥会的场馆概况

1992 年法国阿尔贝维尔第 16 届冬奥会是最后一次与夏季奥运会在同一年举行的冬奥会。在全部 57 个比赛项目中有 18 个在阿尔贝维尔本地举行，其余的比赛则分布于阿尔贝维尔及其东南 1 000 平方千米的奥林匹克公园内的 13 个比赛场馆进行。这次培训我们有幸实地考察了阿尔贝维尔冬奥之家、阿尔贝维尔冬奥会主体育场和冬奥会滑雪训练和比赛场地（包括梅杰夫体育运动中心、圣热尔韦勃朗体育中心、蒂涅和伊泽尔谷滑雪站等），较为系统地了解了冬奥会主体育场和冬奥会滑雪训练、比赛场地的赛后利用情况。

二、法国冬奥会的场馆（地）赛后利用模式及其特点

（一）将冬奥会场馆的赛后利用定位于提供公共体育服务的综合性平台

“一切人，作为人来说，都有某些共同点。在这些共同点所及的范围内，他们是平等的，都应当有平等的政治地位和社会地位。”（恩格斯）体育作为人的生存、发展和生活要素之一，是人们重要的生活方式，也是公民的一项基本人权，它的满足与实现程度，是衡量社会进步与文明水平的一个重要指标 。为公民提供基本公共体育服务是政府的职责之一，而参与体育活动的基本条件之一则是必须具有足够的场地设施。在法国实地调研中发现，法国冬奥会的场馆（地）中心赛后利用基本采取以政府为主导，通过组建专业团队对场馆（地）进行维护运营的模式。虽然它们也采用场馆赛后利用通常采用的方式如举办大型赛事及音乐会、展会等对场馆加以利用，但它们有一个共同的特点：为吸引更多的居民参与到各项体育运动中来，各冬奥场馆（地）中心采取许多举措，出台诸

多政策和办法，都力争使自身变成多功能的综合性公共体育服务平台，用低价或免费的方式为当地居民提供公共体育服务。例如，阿尔贝维尔冬奥会主体育场，是第 16 届冬奥会冰上项目比赛馆，由主馆和副馆两部分构成，虽然可容纳 9 000 名观众的主馆每年不被利用的时长达 250 天，但其副馆则是以低廉的价格供当地冰球、冰壶、花样滑冰、短道速滑等 4 个冰上项目训练、比赛使用，俱乐部注册会员每年只需向滑冰场缴纳 150 欧元即可，周三面向公众开放。比如，作为第 1 届冬奥会比赛场地和第 16 届冬奥会训练场地的梅杰夫体育运动中心则明确规定，凡 17 岁以下的当地居民到该中心进行体育锻炼者一律免费。又比如，作为第 16 届冬奥会比赛场地之一的蒂涅滑雪站，凡 16 岁以下的当地居民可以加入成为滑雪俱乐部会员免费训练，从而促进当地更多的年轻人加入滑雪训练。第 1 届冬奥会举办地夏莫尼更是有 1/3 的居民分别在足球、手球、滑雪、登山、游泳等 20 多个不同的体育俱乐部中，并在普及的基础上选拔出高水平运动员参加更高级别的比赛。法国政府这种利用冬奥会所建比赛场馆以无偿或低价及多种选择的方式为公民提供公共体育服务的方式，对于促进其大众体育和竞技体育的发展无疑具有极大的推动作用。

（二）法国冬奥会的场馆（地）赛后运营政府确保投入，且投入巨大

法国冬奥会的场馆（地）赛后运营以政府投资为主，在对各场馆的调研中，如果单纯从投入产出比看，我们得到的答案几乎是一致的，即都是收益与投入完全无法匹配。例如，阿尔贝维尔主体育场滑冰场即便政府每年财政补贴营运费用约 240 万欧元，场馆每年仍亏损 70 万 ~80 万欧元。再如作为 1992 冬奥会滑冰训练馆的梅杰夫体育运动中心，虽然其开发了游泳馆、滑冰场、攀岩馆、健身房、SPA 馆、网球场、图书馆、休闲体育中心、冰壶区、展览馆、会议室与餐馆等项目，近期还将建起一个容纳 200 个房间的高档酒店，已经实现了综合性和多样化的运营模

式，运营状况非常好。但不得不说的是政府每年仍需投入900万欧元用于场馆维修，中心每年的亏损额为300万欧元。

（三）法国冬奥会不同场馆的赛后利用过程目标客户群体清晰，开发利用针对性强，已形成各自的核心竞争力

虽然法国冬奥会场馆的赛后运营将为公民提供公共体育服务置于首位，但在实际运营过程中，并不是采取“一刀切”的方式，而是根据不同场地特色有针对性地进行开发利用，目标客户群体清晰，针对性强。例如，我们考察的伊泽尔谷滑雪站在满足当地居民大众体育需求的前提下，以专注于国家队训练和服务世界级高端赛事为其核心竞争力，曾培养出众多世界级滑雪精英运动员，并举办过大量的世界性滑雪赛事；再如蒂涅滑雪站和圣热尔韦勃朗滑雪站则是以其各自的海拔高度、旖旎的风光和现代化的设施吸引了大量的游人，从而实现了体育与旅游的完美结合，并带来了巨大的经济收益。确实，冬奥会的举办，不仅大大地改善了阿尔贝维尔地区的基础设施，促进了该地区的可持续发展，更是在一定程度上带动了当地经济的发展。

三、法国冬奥会的场馆赛后利用对我国的启示

2017年11月，蔡奇同志在北京冬奥组委调研时指出，北京冬奥会、冬残奥会是我国重要历史节点的重大标志性活动，我们要全力以赴推进各项筹办工作。筹办工作要与丰富人民群众文化体育生活结合起来，促进全民健身，打造京张体育文化旅游带，推动体育产业发展。换言之，在2022年北京冬奥会筹办和举办过程中，我们同样需要面临冬奥会场馆的赛后利用这一严峻问题，可以说，法国冬奥会场馆建设及其赛后利用的模式具有重要的借鉴意义和参考价值。

首先，法国在改造和建设相关场馆过程中就优先综合考虑其赛后利用，如阿尔贝维尔主体育场在建设过程中就将座椅设计成可拆卸的，

同时在场馆建设过程中考虑了节能环保及多功能等的做法都非常值得借鉴。我们在改造和建设相关场馆过程中同样可以效仿其做法，以便将来更好地综合利用这些场馆。

其次，法国将冬奥会的赛后场馆定位于为公民提供公共体育服务的综合性设施，并采取多种手段对其加以开发和利用，以满足公民对公共体育服务的需求。在我国人民不断增长的体育需求与场地设施严重不足的矛盾日益加剧的今天，更好地充分利用冬奥会场馆以满足公民的公共体育服务需求，无疑可以为缓解这一矛盾提供一定的帮助。作为全民健身公共服务的综合性服务设施，以新颖、独特的方式吸引各类群体参与冰雪运动，进而极大地促进我国冰雪运动和冰雪产业的发展。

最后，法国冬奥会场馆赛后利用过程中，能根据不同比赛场地提前考虑其目标客户群体，并据此最大限度地带动旅游等相关产业的发展。随着我国全民健身运动的发展，各类体育需求不断增长，细分市场和客户群体将势在必行，进而为冬奥会场馆的赛后利用创造更好的环境。

综上，从法国冬奥会场馆的赛后利用看，各类室内场馆都是在政府投资下进行运营，基本以为公民提供公共体育服务为主要职责，总体看都是投入大、收益小，但对于找准了自身核心竞争力的滑雪站而言，则由于其与旅游的完美结合而在促进当地经济发展方面起着举足轻重的作用。

交流感悟

欧洲冰雪运动的发展及经验启示

党委办公室（校长办公室） 王良玉

2018 年 8 月 6 日—26 日，我有幸参加了由国家体育总局主办、学校承办组织的冰雪项目骨干教师赴法国（夏斗湖和阿尔贝维尔）培训班。本次培训聚焦冰雪运动这一主题，通过学习冬季项目的教学科研、运动训练、赛事管理、国际组织管理、场馆运营和人才培养等相关主题，实地观摩法国冬季项目梅杰夫、夏莫尼、蒂涅、阿尔贝维尔等滑雪（冰）场地和场馆基地、俱乐部等机构，达到了丰富冬季项目知识、开阔国际视野、提高冬季项目教学、训练和科研能力的目的。结合这次培训主题和在培训中的所看所思所想，本人重点谈一下欧洲冰雪运动发展及经验启示。

一、欧洲冰雪运动发展的特点及优势

（一）开展冰雪运动的自然条件优越

欧洲拥有优越的开展冰雪运动的自然条件，这主要体现在气候和地形两个方面。在气候方面，因欧洲的冰雪运动主要分布在阿尔卑斯山区国家和西欧、北欧等地，由于得天独厚的气候优势，因此，开展冰雪旅游活动的气候舒适度较好。

在地形方面，阿尔卑斯山是欧洲最高大、最雄伟的山脉，平均海拔达 3 000 米左右。它西起法国东南部的尼斯，经瑞士、德国南部、意大利北部，东到维也纳盆地，绵延 1 200 千米，宽 135~260 千米，最宽处可达 300 千米。耸立于法国、意大利和瑞士交界处的主峰勃朗峰，海拔 4 810 米，其因峰顶终年积雪而得名。高大的山体、起伏的地势为滑雪场的建设提供了天然优势。因此，阿尔卑斯山区历来都是欧洲主要滑雪赛事和旅游区所在地，也是大部分山地体育运动项目的始创地。世界上许多著名的冰雪运动胜地都位于阿尔卑斯山区的中心地带。

（二）滑雪强国林立，雪场规模大，质量高

欧洲滑雪强国林立，有 2 000 多个滑雪场，最好的滑雪场集中在阿尔卑斯山一带和北欧国家，主要是阿尔卑斯山区的法国、意大利、奥地利、瑞士和德国等五个国家，五个国家总的滑雪面积为 5 800 平方千米。欧洲的滑雪场不仅规模大，而且质量和档次均较高。法国的阿尔卑斯地区建有世界最大、最著名的滑雪胜地，在其他几个山脉如侏罗山脉、比利牛斯山脉、中央高原和孚日山脉都建有滑雪场，甚至在科西嘉岛也有一个滑雪场。欧洲人心目中的滑雪天堂是法国的拉普拉涅滑雪场，每年冬季来自世界各地的游客都会来到这里享受他们的假期。一些错落有致的旅馆和滑雪站分布在拉普拉涅滑雪场盘山道的两侧。拉普拉涅雪场滑雪面积达 10 000 公顷，拥有各种难易雪道（包括 10 条黑道、34 条红道、79 条蓝道和 11 条绿道等）共计 134 条，最高海拔 3 250 米，最低海拔为 1 250 米，最长雪道可达 15 千米，总雪道长度 225 千米。在这里，滑雪高手们可以挑战各种滑雪地形，还可以享受家庭滑雪区及中、初级雪道带给他们的滑雪乐趣。奥林匹克长橇赛道是法国唯一一条对外开放的世界冠军赛道。在这里，游客能以超过 80 千米 / 时的速度滑行。此外，

还有接待国际大赛的障碍赛滑雪场，专为夜场活动设计。105 条索道缆车可以在 1 小时内将 7 万游客送到山顶。这里还拥有世界上最先进的双层缆车，可同时容纳 200 人乘坐，只需 3 分 50 秒，就可跨越彭都灵山谷到达 2 505 米的海拔高度。

国土面积只有 41 284 平方千米的瑞士，一半左右领土在海拔 1 200 米以上，拥有 4 000 米以上的高山 48 座，建设有 230 多个大小滑雪旅游度假区，位于海拔 2 800 米以上的冬季滑雪场就有 29 个。其中最著名的是维毕尔滑雪场，是瑞士规模最大的滑雪场，被誉为世界十大滑雪场之一。瑞士滑雪旅游度假区各种雪道齐全，拥有总长 500 千米的 150 条雪橇滑道，其中包括长达 16 千米的、阿尔卑斯山区最长的雪橇滑道。

（三）冰雪旅游历史悠久，文化底蕴深厚

一般认为，冰雪旅游发源于欧洲。从历史上看，瑞士最先发展起来的项目是登山和滑雪。1787 年，日内瓦人索绪尔成功地攀上了勃朗峰，开创了瑞士冰雪运动的先河。当时，浪漫主义和人本主义盛行于欧洲，文人骚客们发起了重归大自然的号召，遂使登山和滑雪运动成为时尚。位于阿尔卑斯山区的瑞士自然成为欧洲人趋之若鹜的旅游和冰雪比赛圣地。当时，工业化发展较早的英国旅游者是瑞士冰雪运动的主要参与者和游客，他们给瑞士起了“欧洲享乐园”的美名。随着现代化的不断发展，瑞士修建了大量的高山公路和铁路，也涌现出了众多家庭旅店、宾馆和酒店。第二次世界大战以后，瑞士开始大力发展滑雪旅游业，兴建了大批索道和高山缆车，冰雪运动设施日臻完善，以登山和滑雪为龙头的冰雪旅游业，成为瑞士重要的支柱性产业之一。每年年初，世界经济论坛年会都会在瑞士著名的滑雪胜地达沃斯举行，为期 5 天，其中必定有一天是“滑雪日”，来自世界各国的政要和顶尖大公司的老板都会在这里享受雪上运动带来的乐趣。

在欧洲，冰雪运动已经成为人们的重要生活内容。在瑞士，滑雪是普通百姓最普及的冬季户外运动，也是大多数家庭集体参与的项目。在

雪场，上至六七十岁的老人，下至四五岁的小孩，各个年龄段的人都有。瑞士的滑雪旅游之所以发展后劲十足，重要的一点是因为他们十分重视儿童的滑雪教育。自小学开始就设有滑雪课程，很多小孩甚至从三四岁就开始学习滑雪。各个滑雪度假区中的儿童游戏区都有专人管理，父母可以把孩子托管在那里，自己上山滑雪，不到滑雪年龄的小朋友可以在这里做游戏、滑雪橇，充分体验冰雪带来的快乐。这一切均为这些孩童以后成为真正的滑雪爱好者打下了良好的基础。瑞士的滑雪学校在全国提供统一质量的服务，滑雪教练都受过专业的授课训练、护理训练和救生训练，最少会讲三种语言。所有教练都必须持证上岗，并且要经过很严格的统一考试评定出教练的级别。儿童滑雪教练是这些教练中特殊的群体，他们非常有耐心并且深知儿童的生理、心理状态，寓教于乐，让孩子们轻松掌握滑雪的要领。北欧的瑞典、芬兰等国的学校也都开设了滑雪课。

（四）建立了完善的滑雪产业体系，形成了成熟的供给体系

欧洲是冬季运动的发源地，拥有世界上最先进的滑雪设施。奥地利滑雪板拥有量人均 2 副，多数家庭拥有自己的滑雪板。在法国，具有艺术气息的冰雪公园内的滑板运动设施在欧洲堪称一流。著名的滑雪胜地瑞士有 200 多个滑雪场，在冬季经营着滑雪、雪地滑板、雪地高尔夫、雪地汽车和狗拉雪橇等多种冰雪运动项目。在瑞士的各个滑雪场地，游客都可以方便地租到滑雪用具。在冰雪运动的价格方面，总的来说还是比较低廉的。以瑞士为例，其不同滑雪场的收费各不相同，高级滑雪场收费相对高一些，初级滑雪场收费则低一些。成人和儿童价格也不一致，除部分儿童雪道收取少量费用外，6 岁以下的儿童是免票的。成人票价便宜的一天为二三十瑞士法郎，贵的六七十瑞士法郎，买的天数越多价格越便宜。租用全套滑雪器材（包括雪杖、雪板、靴子），一天 60 左右瑞士法郎起价，租用的时间越长相对越便宜。

（五）冰雪运动经营规范，管理经验丰富

欧洲在冰雪运动的经营和管理方面有着相对完善的规则和丰富的经验。欧洲各国都有滑雪协会，滑雪场主要由滑雪协会管理，旅游局等政府部门对管理也十分重视。例如，冬季旅游旺季到来时，瑞士众多的滑雪胜地都会挤满游客，为了防止意外事故的发生，瑞士救援部门随时派巡视员在现场监督、指挥；SUVA 保险公司在韦索纳兹等 12 个滑雪场设置了测速雷达，以提醒滑雪者将速度控制在每小时 30 千米之内。为应对严重意外事故，瑞士滑雪场还配备了直升机救护队，全天 24 小时待命，一旦发生安全事故，直升机能立刻投入救援。

二、欧洲冰雪运动发展的经验启示

（一）政府扶持力度大

欧洲各冰雪强国的政府部门都积极组织制定滑雪产业规划、政策法规等，并且非常重视冰雪运动的教育、科研和推广，不断加大投入力度。在第 1 届冬奥会后，欧洲开始实施山区振兴计划，大规模开发山区滑雪场。此外，在瑞典和奥地利的一些山区滑雪也被视为主导产业。

（二）行业管理水平高

冰雪行业的国家或地区性协会和团体，如欧洲各国的滑雪协会、滑雪联合会和滑雪俱乐部等大量的民间组织也对滑雪产业的发展起到了巨大的推动作用，它们与政府部门相配合，从不同角度发挥着各自的作用。滑雪行业协会在促进新滑雪者的开发、推动滑雪学校计划、人力资源开发、滑雪场标准与安全、滑雪场环境管理及加强对外信息沟通与联系等方面也发挥着关键作用。目前，瑞士、法国、德国、奥地利、瑞典等世界主要滑雪接待地和客源产出地均成立了数目不等的滑雪协会、滑雪联合会以及滑雪俱乐部。

（三）经营模式逐渐成熟

为了更好地经营管理滑雪目的地，欧洲建立了以社区模式为特点的经营管理模式。传统的阿尔卑斯山滑雪度假地的雪道由许多个小农场的农场主共同所有，一个度假区内的缆车公司、滑雪学校、滑雪公共汽车以及其他服务都是相互独立的。也就是说，滑雪场经营者、索道经营者、器材经营者、宾馆经营者都是分开经营、独立核算的。社区模式的特点有两个：一是每个独立公司与其他公司都具有紧密联系；二是鼓励每一个独立的公司之间进行良性竞争，不是在价格上竞争，而是在为消费者提供的服务上竞争。目前，欧洲一些度假区的重组和重新策划在很大程度上受北美公司模式的影响，由社区模式向公司模式转变。

（四）营销能力持续上升

欧洲各国滑雪消费普遍依赖国内市场，国际化程度很低，如法国19%为国内滑雪者。因此，加大市场营销力度显然成为增加经营收益的有效途径，国际滑雪产业正朝着多样化、高水平的方向发展。在各滑雪目的地致力于强化其市场营销体系的过程中，产生一大批具备了足够的规模、各项设施非常齐备、综合运营功能强大的、可以与庞大的游乐场和度假地相媲美的滑雪目的地。在滑雪场经营中，各滑雪强国非常注重最大限度地方便游客。除滑雪需要以外，各个滑雪场还会尽量提供其他能够满足游客需求的多种产品，具有超强的综合运营功能，从而极大地拉动了消费。

由于滑雪市场的不断饱和，进一步细分市场成为挖掘新利润增长点的重要选择，非滑雪者市场开始受到更多的关注。为了满足非滑雪者的需求，很多滑雪场已经进行了大量的资本投入，以开发多种可选择的娱乐项目和活动，包括温泉、健身馆、桑拿中心和日光浴场等。同时，“全球变暖”及滑雪期内降雪量和市场的不可预见性，使滑雪目的地不得不寻求新的战略，开发四季适宜的项目及全天候旅游，包括会议、教育活动、节日赛事、疗养和温泉旅游、滑翔伞运动、骑马、登山、山地自行车、徒步旅行以及开发私人山区别墅等。

（五）环保措施日益完善

近年来，欧洲国家的环境保护意识越来越强，像滑雪地这类度假目的地不是只在投资或开业前递交合格的环保规划就可以的，而是要实施全程的动态管理，即进行环境审计，其目的是对现有活动和过程的表现进行评价。许多欧洲政府的规划管理部门广泛采用BA方法，对环境保护行为与环境政策、标准及管理要求的一致性提供一个系统的、客观的评价。例如，意大利很多滑雪场联合研发制造出效率更高的人工造雪机，在滑雪场建立了大型蓄水池，既用于造雪也用于卫生间等方面的清洁，尽可能回收旅游者留下的垃圾。考虑到环境，除草剂和杀虫剂都是禁止使用的。

（六）科技手段广泛应用

目前，在一些雪资源丰富的欧洲国家，滑雪产业已进入成熟期，一些大型滑雪场非常重视高科技的应用。例如，法国滑雪产业的领军者，梅杰夫、阿尔贝维尔和拉普拉涅等大型滑雪场都已经实现了数字化管理。国外滑雪产业具备了比较先进的人工造雪技术及生产滑雪器材和服装等用品的科技能力，尤其是拥有核心技术。国际制造商们正积极采用高科技来装备滑雪设备。由于大多数公司只从事滑雪产业链中某个环节的业务或只提供一种或几种产品，因此，专业化程度非常高。例如，滑雪板产量居世界第一的法国“夜莺”公司、生产高压雪炮的法兰西约克公司、生产中高级滑雪服的瑞士奥索卡公司等都是以专业化而著称。

（七）信息化程度极高

网络正在世界范围内普及，给滑雪度假地和消费者提供一个新的交流平台，特别是在年轻、富裕并受过教育的人群中更是如此。对于滑雪度假地来说，在网络上投资是有很大收益的，成本远远低于其他媒介。网络技术特别是电子预订系统的广泛应用，为滑雪消费者与经营者提供了诸多便利，为滑雪产业的发展提供了更加广阔的空间。全世界已有 2 000 多家滑雪场与网络结缘，这些网站都非常详尽地介绍了各自的滑雪场。在欧洲，很多滑雪目的地都开设了自己的网页。

（八）安全措施非常完善

欧洲滑雪场非常重视游客的安全，完备的安全设施、预案及滑雪教练的培训是这些滑雪产业发达国家滑雪安全的有力保障。第一，采取有效的措施防止安全事故的发生。例如，滑雪场的管理员随时与天文台保持联系，他们会通过网站、告示等方式及时通报最新的天气情况预报，并且会适时提醒滑雪人士留意天气的变化。第二，对于可能发生的事故制订了补救预案。在滑雪场地，有专业的巡逻队伍在四周巡视以防止发生意外，危险地段都设有醒目的提示牌。如果发生意外，伤者可及时得到附近医疗中心的救治，对于伤势较重者甚至可以动用救护车或直升机以最快速度送到附近的医疗中心。第三，建立了比较完善的滑雪教练培训体系。在滑雪产业发达国家，对滑雪教练的培训非常正规，不仅从数量上能够满足游客的需要，而且在专业水准上要求严格，从而保证了滑雪教练的质量。

法国冰雪运动在群众休闲体育中的发展及对我国的启示

运动人体科学学院　周财亮

随着人们生活水平的提高，休闲体育运动越来越受到国内外民众的喜欢。在我国，群众主要从事夏季休闲体育运动，冰雪运动从事人员相对较少。但是，随着2022年北京冬奥会即将举办，民众对冰雪运动也表现出了很高的热情。下面就此次法国冰雪项目的考察之行，探讨冰雪运动在法国民众中的推广与发展，分析其成功经验。

一、法国冰雪运动在群众休闲体育中的发展历史

在法国，滑雪历史较长，并不断发展，已经深入人心。1878年在巴黎世界博览会上，亨利·杜哈梅（Henri Duhamel）让大家了解了滑雪。1907年，法国蒙特热内夫尔（Montgenèvre）举办了第一届滑雪比赛。1924年，冬奥会在法国城市夏莫尼举办，展示了冬季运动，让法国人更进一步了解了滑雪运动。1936年以后，滑雪运动被作为一项有益健康的时髦运动。随着滑雪设备的改进及滑雪站的不断建设与完善，滑雪运动

越来越受到欢迎。如今，法国成为休闲滑雪的大国，共建造了352个滑雪站，为世界贡献了30%的雪道。同时，在高海拔的多个山脉建立了不同的雪道，不同的滑雪站之间的雪道互相联通，并与意大利和瑞士等相邻国家的雪道相连，组成了一个互通的雪道体系。

不光在滑雪站和雪道建设上，法国有较为成熟的发展；在冰雪运动爱好者的培训方面，法国同样也有很完善的体系。法国业余滑雪/登山教练培训主要在法国国立滑雪登山学校（ENSA）进行。学员在ENSA培训4年后获得国家认可的滑雪文凭，还可以开办滑雪学校，培训滑雪爱好者。目前，学校已经培养了2万名业余滑雪/登山教练，而这些业余滑雪/登山教练所在的滑雪学校每年冬季培训近200万名学生。

二、法国冰雪运动在群众休闲体育中发展的成功经验

法国的冰雪运动在群众休闲体育中发展的成功经验主要有下面几点。

（一）滑雪站、雪道及体育运动之家建设的公益性质属性

法国滑雪站及雪道的建设往往采用政府投资的形式进行，故能够保证建设费用的持续投入。正因为大部分滑雪站及雪道的公益性质，使得滑雪站的收费往往不高，民众能够负担得起，从而促进群众积极参与滑雪站的各种冰雪运动。同时，在法国各个城市，均建设面向广大群众开展休闲体育活动的体育运动之家。在滑雪站所在城市的体育运动之家建有各种冰雪运动设施且均以较为优惠的价格吸引民众在体育运动之家从事冰雪运动，进一步促进了民众参与冰雪运动的热情。

（二）冬奥会在法国的举办及所发挥的推广作用

法国共举办了3届冬奥会。1924年第1届法国夏莫尼冬奥会，有来自16国的250名运动员参加，主要项目有雪橇、冰壶、冰球、北欧滑雪

和滑冰。夏莫尼在奥运会后充分利用这一遗产拓展了更多的业务，吸引了不同年龄段的人参与相关活动。另外，除了运动设施建设外，夏莫尼还在奥运会后建设了较好的生活设施（酒吧、生活吧、托儿所），以满足老年人、成人和小孩的不同生活需要。1968 年，法国格勒诺布尔举办冬奥会。1992 年，法国的阿尔贝维尔举办冬奥会。这届冬奥会进一步点燃了法国民众从事冰雪运动的热情。法国在阿尔贝维尔举办完冬奥会后，建立了专门的冬奥之家博物馆，介绍该城市在举办冬奥会之前的各项准备工作及各届冬奥会的举办盛况。同时，在阿尔贝维尔举办冬奥会后，主场馆被充分利用，不但用于体育用途，还用于举办各种商业演出活动。随后，营业收入再投入体育事业当中。这 3 届冬奥会的举办，不但完善了法国的滑雪站及雪道的设施，还让民众从事冰雪运动的热情不断上涨。因此，上述冬奥会均不同程度地推动了法国冰雪运动在群众休闲体育中的发展。

（三）政府体育部门为群众所提供的良好的冰雪运动体育服务

法国体育部门负责人一般为副市长级别，且在一些休闲体育发展较好的城市，体育部门负责人为第一副市长。政府对于群众休闲体育的投入和服务均较好。每年的政府财政支出有很大一部分流向体育场馆的建设与运营。同时，各个滑雪站及体育运动之家的全职工作人员也是政府部门的公务人员。他们负责为提高群众冰雪运动水平服务。由于各种体育服务的公益性质及政府的重视，冰雪运动爱好者能在滑雪站或体育运动之家以较经济的价格从事各种冰雪运动。同时，滑雪站和体育运动之家还聘请优秀专业教练从事冰雪运动的教学工作。因此，政府部门提供从场馆设施到冰雪运动培训等各方面的优质服务，进一步激发了群众参与冰雪运动的热情。另外，法国很多滑雪站及体育运动之家均对学校组织开展冰雪运动的学生免费开放，从而使儿童能够较早地接触冰雪运动，有助于冰雪运动的推广。

三、法国冰雪运动在群众休闲体育中发展对我国发展冰雪运动的启示

（一）加大政府在滑雪站建设及冰雪运动体育服务方面的投入

冰雪运动由于项目自身特色，如果缺少政府的投入，较高的花费将限制其在民众中的推广。因此，在滑雪站的建设方面，在有条件的情况下，我国政府可以成立专门的部门或国有性质的公司，负责各滑雪站的建设与运营。目前，我国有 300 多个滑雪站，但大部分滑雪站为私营性质且管理不够规范。因此，政府对滑雪站的建设、管理和服务方面的投入，将大大改善我国目前滑雪站的条件及服务水平，促进民众以优惠的价格享受较好的冰雪运动的服务。

（二）与国际机构进行合作，开展多样的冰雪运动人才培养工作

我国可以建立一个国家级的培训学校，对本土冰雪运动的教练进行专业培训。同时，可以和法国及国际冰雪运动的培训机构（如法国国立滑雪登山学校、国际滑雪学院、世界体育学院）合作办学，以培养更多的冰雪运动教练。培养的冰雪教练将帮助各滑雪站进行专业的滑雪人才培养，促进更多的人群从事冰雪运动。因此，加强冰雪运动教练的培训及为冰雪运动爱好者提供更加专业的指导，建立国家级、地区级的教练培训机构及滑雪爱好者的培训学校，将有助于冰雪运动在我国群众休闲体育中的可持续发展。

总之，我国的冰雪运动在群众休闲体育中的发展尚处于起步阶段，需要进一步加大政府在冰雪设施建设与管理、冰雪运动体育服务方面的投入，同时与冰雪运动开展较好的国际机构开展合作，培养更多的冰雪运动教练和后备人才，为冰雪运动在群众中的推广和长期可持续发展储备人才。

强化责任担当，不负新时代嘱托

——2018年法国冰雪项目研修感悟

运动人体科学学院　汪军

2018 年 8 月 6 日，我怀着激动的心情搭上了从北京飞往巴黎的航班。借着北京即将举办 2022 年冬奥会的东风，带着培训后回国服务运动队的决心，携着参考冰雪运动先进经验建立“北京体育大学‘一带一路’联合实验室”的信心，我对此次法国学习之旅充满了期盼！

一、丰富系统的理论课教学

8 月的夏斗湖市处处弥漫着热情友好的氛围。前两周，组织方为学员们安排了丰富系统的理论教学课程，并邀请了资深的学者授课。课程内容包括“法国冬季体育运动现状与文化”“冬季体育的营销与推广”“体育运动组织的构建和管理策略”“历年奥运会获得的经验与教训”“从社会学角度看冬季奥林匹克运动会的政治因素”“法国相关冰雪运动发展史”“奥运会项目设置”“冬季项目与冬奥会对社会经济的影响”等。学员们的积极参与使课堂成了中法体育故事交互的平台。10 天的理论教学课程结束后，大家仍意犹未尽。我的研究方向是运动训练、体能训练、机能监控、实验监测等，平时对理论知识的涉猎较少。但是，通过此次理论课程学习，我不仅补齐了知识短板，还为自己从事专项体能训练、康复训练和训练监控等方面的教学和研究提供了更广阔的视野，激发了更新颖的思路，可以说是惊喜满满、收获满满。

二、独具特色的实践课教学

在紧张的理论课程学习之后，我们开启了独具特色的实践课教学模式。学员们参观了当地市政府和省级体育运动之家，与相关政府工作人员座谈，了解当地体育运动发展模式和运营经验。在陆续参观了多个体育运动之家之后，学员们真切感受到了法国各级政府在实现全民体育方面所做的努力。

体育运动之家是当地的体育特色小站。几乎每个城市，不管是大还是小，不管是在市中心还是在偏远山区，都有体育运动之家。体育运动之家大部分由当地政府出资，少量由私人捐赠建立，对当地市民免费或者低收费开放。每个体育运动之家几乎都有一个大的场馆。这个场馆一定是多功能的，既可以进行大型的篮球、足球、排球和羽毛球比赛，也可以进行小型的娱乐比赛活动。场馆的地面画有不同颜色的线条，用于规范不同的区域，且篮球架、足球门和排球网等由机械自动控制。空闲时，这些设施可以收起来；比赛开始之前，会重新摆放球门和球网，真正做到一场多用。除了这个大场馆之外，每个体育运动之家至少有一个足球场、自行车训练场、乒乓球台、桌球室。另外，有些地区依据当地实际情况，还建有游泳馆、滑冰馆、攀岩馆、沙滩足球场、健身房、瑜伽馆等。家长预约成功后，可以带着孩子来体育运动之家活动。此外，体育运动之家还设有教练带领孩子学习各种运动项目。这些教练中，一部分是专职的，由政府出资聘请；还有一部分是家长志愿者，不收取任何费用。体育运动之家的建设和普及对发展全民体育起到了关键作用，同时也大大促进了竞技体育的发展。

可实现一场多用的场馆

攀岩馆

三、学习之后的教学科研思考

三周的研修考察虽然短暂，但学习之后的感悟和思考却是持久的。作为北京体育大学改革转型的亲历者和受益者，当学校为广大教师提供了越来越好的教学科研条件和服务时，身处教学科研第一线的教师如何强化责任担当意识，以自己的方式回报学校、回报国家，为新时代体育强国的建设贡献一己之力，是我一直在思考的问题。

从教学方面来看，如今的中国已逐渐走向世界舞台的中央。当我们踏出国门来到法国学习，法国当地的朋友也在用好奇的眼光打量着我们。这使我强烈意识到国际化教学的重要性。我们所教授的课程也应当纳入国际化视野，适时推出双语教学课堂，努力完善双语教学教材，着力培育更优秀的国际化体育人才，让更多中国人能站在国际体育舞台上讲好中国故事，发出中国声音。

从科研方面来看，我建议应当从国家重大战略部署的高度来谋划体育科研工作；应当致力于服务健康中国、备战奥运等重大战略需求，服务学校“教育、训练、科研三结合”的发展之路；建设好“北京体育大学‘一带一路’联合实验室”；服务国家队，打造奥运科技攻关团队；开展高水平联合研究，为竞技体育和全民健身发展添砖加瓦。

当前，为响应党和国家号召，北京体育大学正在全面推进改革。我们应当强化责任担当，紧随学校发展步伐，为建设体育强国、建设“双一流”大学贡献自己的力量。

对法国成为冰雪运动强国的感悟

运动医学与康复学院　毛杉杉

在北京承办2022年冬奥会、北京体育大学开拓冬季运动项目教育培训的大背景下，我有幸随北京体育大学2018年冰雪项目骨干教师（教练员）赴法国研修班进行了为期21天的学习、考察。我们发现：虽然法国总人口仅有0.67亿，却曾举办过3届冬奥会：分别是1924年夏莫尼的首届、1968年格勒诺布尔的第10届冬奥会和1992年阿尔贝维尔的第16届冬奥会。而且，似乎法国历届冬奥会的战绩都不俗。就以近三届为例，在2010年温哥华、2014年索契、2018年平昌冬奥会，法国在奖牌榜上分列第8、第10和第9。这样的成绩，对于仅0.67亿的总人口而言，不得不称奇，法国无愧“冰雪运动强国”之称。

法国为何人口少，却有良好的冰雪运动战绩?

通过一系列的专家讲座、交流研讨和实地调研，我认为法国主要有五方面的优势。①人才资源方面：有广泛的冰雪运动群众基础。法国冰雪运动人口居然占总人口的1/3以上，达2 000多万。其中，冰雪爱好者就有700万。②自然资源方面：法国的气候、地理条件优越，非常适合开展冬季运动项目。阿尔卑斯山脉，绵延 1 200 多千米，几乎覆盖了法国的东南部，并方便开展全部的冬奥项目。③历史文化方面：悠久的冰雪运动文化基础，1924 年的首届冬奥会就在法国夏莫尼举行。冰雪运动之于法国，就像乒乓球于中国、棒球于美国、足球于巴西一样。④资金保障方面：法国各级政府在冬季运动项目中的长期、大量、持续的财政资金投入，使得法国拥有丰富、优质、先进的冰雪场地资源、设施。⑤先进的冬季运动管理与营销理念、产业资源等，使得法国冰雪运动的产业链运行良好。下文我将主要针对给我印象最深刻的几点展开。

一、法国拥有众多的冰雪运动活跃人口

（一）中法冰雪人口的差距

法国的五大优势中，最令人惊讶的是拥有 2 000 多万冰雪运动人口，而且，其中的 700 多万是冰雪爱好者，即 1/3 是冰雪运动活跃人口。

在我国，2015 年（我国成功申办 2022 年冬奥会）之前，全国参与冰雪运动的总人口不足 100 万；之后的 2016 年冰雪季，借着成功申奥的东风以及政府大力推广，冰雪运动人口飙升到 1 133 万，但仍不到总人口的 1%；到了 2017 年，已骤增到 1 500 万，但是，他们大多仅为一次接触性的滑雪者。之所以如此，是因为担心滑雪运动不安全，糟糕的第一次体验，质量不一或缺少滑雪专业指导等，而不愿意再进行滑雪尝试。因此，1 500 万人口中，大多属于不活跃的滑雪人口。这也就能够解释为何我国冰雪运动人才匮乏，为何与冰雪运动强国有很大差距。而且，这个差距在短时间内很难补上。

（二）冰雪运动人才应从小培养

现任国际滑雪联合会秘书长萨拉·路易斯女士，曾在题为“冬奥会与中国滑雪运动的推广”的讲座中指出：对阿尔卑斯山附近的少年儿童

进行研究发现，如果在 14 岁之前少儿没有接触滑雪相关的运动，那么，他们可能一生都不会从事滑雪运动。由此推测，哪怕目前中国有 1 000 多万人接触冰雪运动，只要他们第一次接触冰雪运动的年龄超过了 14 岁，那么，他们之后都可能不会成为活跃的冰雪运动参加者。

由此可见，发展冰雪运动、培养优秀的冰雪运动员，应从娃娃抓起。法国资深滑雪教练陈山龙就在授课中指出：有潜质的滑雪运动人才，须从小培养。

在法国，3~4 岁的儿童，就开始常常跟着父母接触冰雪运动了。而且，每年的法国滑雪季，众多滑雪站 / 基地常有针对少儿参加滑雪运动的优惠活动。萨拉·路易斯秘书长曾介绍：国际滑雪联合会一直致力推进少儿参与滑雪运动。他们针对少儿的特点，展开了一系列的滑雪运动推广活动，如将每年第一个月的第三周周日，定为雪上运动推广日，并鼓励各国在此活动日期间，开展形式多样的少年儿童滑雪活动。在瑞典，所有少儿都可享受免费滑雪课程及滑雪设备使用；在芬兰，17 岁以下的学生及其家长都能享受跟瑞典提供的同样的免费内容；在奥地利，所有小学生都可免费乘坐缆车；在加拿大，小学 4、5 年级的学生可在 156 个滑雪站享受 3 天的免费滑雪。萨拉·路易斯秘书长说道：通过开展上述活动，可把儿童带向冰雪运动世界，这是国际滑雪联合会的重要经验。目前，国际滑雪联合会已协助 50 多个国家开展了 6 000 多次滑雪活动，促成 320 万少儿参与滑雪运动。

由此可见，法国、加拿大这些冰雪运动大国，给自己国家的少儿早早播下了冰雪运动的种子，为其孕育充足的冰雪运动后备力量，做好了前期准备。同时，为上述各国所建的滑雪站 / 基地的冰雪运动及其相关商业活动的运营及长期繁荣，打下了良好的群众基础。

二、法国各级政府长期、稳定、精准扶持冰雪运动

当然，像法国这样的冰雪运动强国，对少儿冰雪运动兴趣的培养，和打造冰雪运动后备人才队伍，肯定不仅限于雪上运动推广日、滑雪站/基地这样的冰雪活动推广，更重要的是法国各级政府在冰雪场地，设施，资金，政策上的长期、稳定、精准扶持。

我们实地考察了夏斗湖市政府及其省级体育运动之家、阿尔贝维尔的梅杰夫体育运动中心及伊泽尔谷滑雪场、夏莫尼体育运动之家、蒂涅滑雪场和山地公园及体育场以及阿尔贝维尔奥林匹克滑冰场和冬奥之家，我们一行人对法国各级政府给予体育设施，包括冰雪运动所需基础设施、资金面上的精准资助，印象深刻并充满赞赏。

（一）重视 6~17 岁中小学生的学校体育教育

以夏斗湖为例，除了为学龄期少年儿童开设学校体育课外，市政府还出资外聘体育教练，为少儿增设了每周一次的校外体育课程。以夏斗湖的五年制小学为例，要求在每个季度，小学生都要尝试一门新的体育运动项目。以此帮助学生从小建立体育运动习惯，并找到自己喜欢或擅长的体育运动项目，为将来可能参与更专业的俱乐部体育打下基础。

（二）精准地扶持社会（如俱乐部）体育

例如，夏斗湖市政府管理了 90 个体育俱乐部，涵盖 10 余种体育项目。市政府每年总共拨款 100 万欧元给这些俱乐部，其中 35 万欧元拨给足球俱乐部（足球是夏斗湖的最优势项目），其他 65 万欧元按一定比例分拨给其他项目俱乐部。分配比例是按照各俱乐部主席开会投票表决出来的 10 个标准制定的：含俱乐部所聘教练人数、位置交通、设施条件、低价向当地公众开放的时间、场次及属地受惠民众数量等。

再如，梅杰夫体育运动中心是由属地市政府投资建设并管理的。它既可为国际赛事（高山滑雪世界杯、青少年滑雪国际锦标赛、国际冰壶

锦标赛等）提供竞技训练场地，又可为城市居民，尤其可为 18 岁以下在校学生参加体育运动（如滑冰、网球、自行车等）提供服务。体育馆对在校生是免费的，或者收费非常低廉；对当地居民，收费也很低（按天收费或采取年票、季票、月票制）。如果体育中心的支出超出其收入，其差额由市政府补贴。例如，2017 年该体育中心各类保障及服务收入 500 万欧元，而各项支出 800 万欧元。最后，市政府补足 300 万欧元的差额，以保证体育中心每年能收支平衡。

另外，阿尔贝维尔的蒂涅滑雪场与体育场，在 1992 年冬奥会后，得到了很好的保护与再利用，能保证全年 11 个月对外开放，利用率极高。其收费也很亲民，以至于当地 2 100 名居民中，就有 1 000 人参加了各种体育俱乐部，并到蒂涅滑雪场与体育场运动；蒂涅的山地公园也是免费对公众开放的，由此吸引了法国各地的家庭来参与滑雪及骑行运动，从而带动了当地体育旅游的发展，增加了当地旅游经济收入。

还有，阿尔贝维尔的奥林匹克滑冰场和冬奥之家，也是市政府投资兴建并管理的。其中，滑冰场主要为 4 个俱乐部服务：2 个冰球、1 个冰壶、1 个速滑。如果是上述 4 个俱乐部成员来训练，则全免费。除了俱乐部成员，还有一部分时间场地与设施面向公众开放：如果是当地居民，收费低廉（比如冬奥之家的攀岩场地，收费才 7 欧元 / 人 / 天）；如果是其他城市俱乐部来训练，收费就高很多，一般约 100 欧元 / 小时 / 俱乐部。即优先、优惠满足属地居民的运动需要。

由此可见，正因为法国重视学校体育，重视从小培养少年儿童对冰雪及各种体育运动的兴趣；同时，法国各级政府长期、精准扶持社会体育（各地的俱乐部、运动之家、冰雪运动场等），才使人口仅有 0.67 亿的法国，不仅成为世界体育强国，更成为竞技和休闲冰雪运动强国。

三、点滴感悟

这让我联想到我国申办 2022 年冬奥会时，习近平总书记期望的，北京举办冬奥会将带动我国三亿人参与冰雪运动。其美好愿景不言而喻：中国申报2022年冬奥会，不只是为了在冰雪竞技项目上多增加几块奖牌；更是为了发展群众冰雪运动，让更多的中国老百姓熟悉和参与冰雪运动，并从中受益。客观上讲，2022年北京冬奥会申办成功，对中国冬季运动起到了助推器或催化剂的良好作用：2014—2015年雪季，全国滑雪人次1 250万，而到了2016—2017年雪季，已激增到1 510万滑雪人次，增加了20%；仅滑雪场就从8 800平方米扩增到17 000平方米，几乎翻了一番。然而，国际滑雪联合会秘书长萨拉·路易斯尖锐地指出，中国滑雪市场中的初滑者占世界全部初滑者总数的80%，而且，中国大多数初滑者一年只滑一次，滑雪站缺少回头客。

作为体育运动中的一大类，冰雪运动也属于人类社会文化活动之一。我国若想成为像法国那样的冰雪运动强国，就需要对冰雪运动有广泛的文化认同，就需要有冰雪运动的广泛的群众基础与文化氛围。尤其要重视培养少儿（最好低于14岁）对冰雪运动的兴趣与爱好。就像乒乓球在中国，几乎人人都有兴趣，到处可见乒乓球台，群众性乒乓球文化如此普及、如此深入人心，中国乒乓球不强大也难。另外，因2022年冬奥会投资兴建的冰雪运动基础设施，国家各级政府也要考虑冬奥会后的维护与再利用问题。发展冬季运动，2022年冬奥会只是一个契机。若要其真正在中国大地繁荣昌盛，还需经济、政策方面长期、稳定地精准扶持，比如2022年冬奥会后，怎么管理、运营那些冰雪运动设施，其中就应包括向广大民众的倾斜（如低廉收费、鼓励使用）。否则，中国的冰雪运动很容易成为无源之水、无本之木。2022年冬奥会之后，冰雪运动可能会从热烈归于沉寂。

最后，本次法国培训之旅，感悟颇多，收获也良多。我由衷感谢国家体育总局、北京体育大学给我们的这次难得的学习机会。

学习欧洲冰雪项目开展经验，促进我国冰雪运动科学发展

运动医学与康复学院　张恩铭

为学习国外冬季项目传统强国经验，北京体育大学于2018年8月6日—26日承办了北京体育大学2018年冰雪项目骨干教师（教练员）赴法国研修班。本人有幸随团参与相关学习，现将学习收获总结如下。

一、培训基本情况

在法国期间，培训内容主要分冬奥相关主题课堂学习和冬季项目场馆的实地考察两部分。

（一）冬奥相关专题理论教学和讨论

本次培训的课堂学习授课专家包括精英教练员、国际组织官员、体育科研专家、奥运学者等。

来自法国国立滑雪登山学校（ENSA）的滑雪教练迪杰·拉丰以“法国冬季体育运动现状与文化”为主题，从建造滑雪站的环境需求、法国

滑雪度假村的起源、滑雪站的运营要求、滑雪站的冬季运动和夏季运动、滑雪学校及教练培训、冬季运动中的潜在风险和救援等六个方面详细介绍了法国冬季运动开展情况。英国伍斯特大学的吉欧佐·莫那（Gyozo Molnar）以“冬奥会的批判性分析”为主题从批判性的视角系统讲述了冬奥会的发展历史。

荷兰短道速滑队资深教练杰拉德·马蒂斯以“精英体育培育的经验教训”为主要内容介绍了其作为运动员和教练参加了四届冬奥会的丰富经验，并从人才开发、团队力量、创新意识、教练指导等几个方面讲述了精英运动员的培育原则。萨格勒布大学运动机能学院托米斯拉夫博士以“高山滑雪运动能力基础和专项实验诊断”为主题，介绍了高山滑雪所包括的两个分项大回转和速降的比赛特点和与其他项目的差异性，对高山滑雪运动员所应具备的运动能力进行了分析，介绍了各种运动能力测试方法及注意事项，针对高山滑雪项目运动员运动能力组成要素提出专项训练的内容，对包括平衡能力训练、反应速度训练、心理训练等进行了简要介绍。法国的滑雪专业教练陈山龙介绍了滑雪运动的早期历史、法国滑雪运动的发展历程，从滑雪技术改进、相关滑雪设备的创新、滑雪站的建设和投资等多个角度对不同时间段滑雪运动的发展进行了详细解读。

现任国际滑雪联合会秘书长萨拉·路易斯介绍了国际滑雪联合会的功能及组织架构、冬奥会比赛项目及比赛的组织实施、儿童及成人冰雪运动的推广。国际田联名誉副主席、北京体育大学客座教授海尔默特·狄更尔博士以“冬季项目与冬奥会对社会经济的影响”为主题，以北京成功申办并积极筹备2022年冬奥会为背景，系统介绍了冬季项目与冬奥会对社会经济的影响，详细阐述了以冬季项目为主的体育产业在社会经济中的重要性。他还以平昌冬奥会为例，用详细的数据和实例，介绍了平昌冬奥会的成功举办所带来的经济和社会效益，特别是针对奥运后的经济、环境、文化、和平遗产和通信技术等方面的奥运遗产进行了梳理。讲座详细介绍了冬奥会申办的过程和可能承担的风险；提出了未来冬奥会承办城市在严防出现“白象现象”[1]方面应该注意的问题。整个讲座充满了对北京能够成功举办2022年冬奥会的信任和期许，也从专业的角度提出了许多有益的建议。世界冰壶联合会主席凯特·凯斯内斯女士讲授了冰壶运动的历史、冰壶运动的精神、冰壶的比赛场地、冰壶的比赛规则、冰壶比赛的要求、来自平昌冬奥会的经验教训和残疾人冰壶的开展等内容，让我全面认识了冰壶运动。

（二）冬季项目场馆实地考察学习

在培训的第二阶段，我们主要对法国中南部城市的体育中心和冬季运动场馆进行了实地考察。

在位于夏斗湖的安德尔省体育运动之家访问期间，我了解到这个省级体育机构主要开展针对青少年的体育培训和体育运动推广，为近3 000名学生及城市周边人群的体育运动需求提供服务。此外，在夏斗湖市政厅，主管体育的副市长马克·福勒亥先生介绍了夏斗湖市学校体育、俱乐部体育以及体育赛事开展情况。

离开夏斗湖，我们前往法国东南部，分别对法国东南部萨瓦省的梅杰夫小镇、欧洲最古老的滑雪站之一伊泽尔谷、圣热尔韦勃朗和蒂涅等阿尔卑斯山区有代表性的滑雪胜地进行了考察。这些城市都是借助优越的地理条件，以发展体育产业为特色，建立了完善的冬季运动设施，为当地城市居民的运动需求提供优质的服务，同时也作为滑雪胜地为欧洲乃至全世界滑雪爱好者和运动员，提供了较为完备的滑雪场地和设施。梅杰夫体育运动中心建筑面积达35 000平方米，主要由市政府投资建设和管理。体育馆设施除了对参加一些赛事的运动员提供训练保障等服务外，还提供给学校及各类体育俱乐部等使用。在伊泽尔谷，每年有来自世界各地的高水平滑雪运动员在伊泽尔谷训练，世界各地的滑雪爱好者

[1] 在欧美文化里，经常用“白象”这个词描述浪费巨大资源但是没有实际价值的政府计划、公共设施等。“白象”项目大多是用处不大，但是又很昂贵，用在此处意指要注重奥运后遗产的利用。全书下同。

也到这里旅游度假。伊泽尔谷除了举办奥林匹克及世界杯赛事外，还举办了很多地区及全国大型比赛。圣热尔韦勃朗位于勃朗峰下，圣热尔韦勃朗的滑冰馆，每年可以举办花样滑冰、冰壶、冰球等赛事，有一定的国际影响力。蒂涅是1992年冬季奥林匹克运动会自由式滑雪场地，学员们乘坐专门的穿梭巴士通过隧道抵达海拔3 020米的山顶雪场，尝试了冰川徒步，实地感受冰雪文化。

在实地考察期间，有两个地方给我留下了深刻的印象，一个是久负盛名的第1届冬奥会举办地夏莫尼。我们参观了位于夏莫尼的ENSA并听取了学校校长及滑雪部主管对学校情况及其教育项目的介绍。该学校创建至今已经有70余年的历史，由夏莫尼培训基地和鲁纳山脉培训基地两部分组成，具有完备的培训体系。学校共有30~35名管理人员、27名技术和服务人员、200余名培训老师。基地主要进行高山滑雪指导员和登山指导员的培训，每年可培训350名左右高山滑雪指导员。此外，在另一个重要城市阿尔贝维尔市，我们参观学习冬奥之家博物馆。1992年冬奥会成功举办后，阿尔贝维尔市收集了大量与1992年冬奥会相关的图片、物品，建立了冬奥之家博物馆，供游客参观。通过参观，大家对1992年冬奥会的筹办、场地位置、服务人员、雪上项目装备及冬奥项目运动员等相关信息进行了深入了解；同时，学员们还就博物馆的布置、展览、管理等问题与冬奥之家管理者进行了深入细致的交流。

二、培训收获与启发

随着我国2022年冬奥会的成功申办，我国冰雪运动进入了新时代。习近平总书记提出，北京举办冬奥会将带动我国三亿人参与冰雪运动，这将是对国际奥林匹克运动发展的巨大贡献。同时，习近平总书记也对北京冬奥会提出了要实现“办赛精彩，参赛也要出彩”的目标。这些都为促进和推动我国的冰雪运动提供了难得的发展机遇。然而，由于冰雪运动在我国群众体育中还处于起步阶段，存在场地较少、冰雪运动人口较少、冰雪文化培育不足等制约该类项目开展的诸多难题。故在推动冰雪运动发展中，我们可以结合自身实际情况参考借鉴一些法国冰雪运动发展的经验和做法，为我们推进冰雪运动普及工作提供参考。

（一）政府主导，多方参与，科学推进冰雪运动开展

要推动冰雪运动发展就需要一定数量的冰雪场馆或场地等基础设施的建设。法国滑雪场开发是全社会共同参与的结果，其中政府、企业、协会社团、学校和学术机构都发挥了重要作用。法国政府采用法律和经济手段，从规划、开发和环境保护等多方面，调整各方在山区滑雪场开发中的利益关系，为滑雪场的可持续发展奠定了良好的基础。由经验丰富的专业运营服务公司统一负责滑雪场的建设运营，保证了滑雪场服务产品的高品质，并使得其卓越的管理经验可以作为另一种服务产品向全世界滑雪场推广和销售；欧盟相关协会、地方社团、行业协会等，通过建立完善的行业标准，规范滑雪场相关产业发展；中小学开设滑雪课程，培养青少年学生对滑雪运动的兴趣，培育未来的滑雪消费者；大学和科研机构对滑雪场乃至整个山区的发展进行系统研究，为政府政策制定和滑雪场发展提供理论指导。

同样，我国政府也应在能力范围内鼓励全社会各行业参与滑雪场和滑雪产业的发展，鼓励有经验的国内外大型企业对滑雪场进行建设运营，提高服务品质；支持国内的相关协会社团等第三方机构参与制定相关行业规范，共同服务滑雪运动发展；应支持并资助高校或相关研究所建立滑雪运动相关专业机构，协调各方关系和开展学术研究，为滑雪场和滑雪运动发展提供专业支持，为冰雪项目的教练员、技术官员等人才培养提供支持。

同时，对于冬奥会场馆的建设还要根据自身的需求与条件综合多方面的因素，提高设计的合理性，避免出现“白象现象”，避免冬奥会后场馆后期利用的窘境，要充分研究、借鉴历届冬奥会场馆建设的成功与失败案例，科学制订场馆后期利用计划，确保冬奥会后各类场馆的高效

运营。对于部分可能出现无法实现持续经营的场馆要有处置预案，避免资源浪费。

（二）加强冰雪项目各类人才培养，推动冰雪项目的可持续发展

依据《北京市冰雪运动发展规划》，到2022年北京地区将拥有32座不少于1 800平方米的冰场、一定规模的雪场20多个，需要冰雪运动专业服务人才达8万人左右。北京体育大学可依托新开办的冰雪运动专业，按照市场需求加快开展专业人才培养；此外，通过与世界冰壶联合会、国际滑雪联合会、国际雪车和钢架雪车联合会等冰雪运动项目国际体育组织建立联系，利用合适的人才资源，开展各类裁判员队伍培训，各级各类冬季项目赛事可以储备裁判人才。

对教练员的培养，可以和法国及国际冰雪运动的培训机构合作办学，扩大冰雪运动教练的培训渠道，建立国家级、地区级的教练培训机构及滑雪爱好者的培训学校，壮大国内教练员队伍。

此外，随着滑雪人口的井喷式增长，滑雪场的安全服务和救援保障将面临前所未有的挑战。由于我国冰雪运动起步较晚，相关运动的安全问题日益突出，人们在高山滑雪等运动项目中出现损伤的情况时有发生，而相关配套的安全保障和预防体系不完善，将极大地制约冰雪项目的健康发展。同时，专业救援人员的不足也将成为我国成功举办2022年冬奥会的筹备工作的重大挑战。作为开展滑雪项目不可或缺的滑雪巡逻员的培养问题也是目前国内推广冰雪项目比较迫切的问题。目前，国内没有滑雪巡逻员的培训，国内滑雪巡逻员的师资是一大问题，我们需要加快引进国外滑雪巡逻员的师资力量来帮助建立一个适合我国发展的滑雪巡逻员课程培训体系，以满足我国冰雪运动对运动防护人员的需求。运动康复教研室作为运动康复专业学生培养的专业教研室，承担了大量运动防护课程的教学和人才培养工作。在北京冬奥会的筹备过程中，我们可与学校冬奥培训学院积极合作，在冰雪防护人员的培养中贡献自己的力量。

冰雪项目交流之法国印象

竞技体育学院　张莉清

2018 年 8 月，我有幸受学校委派到法国进行为期三周的学习培训，转眼回国一个月有余，却似仍在昨天。一路所看、所听、所学仍历历在目，我回想起来确实达到了学校党委、人事处临行前的培训所提及的目标：拓宽人文素养，提高专业素质。

一、巴黎——文明时尚

7 月初，我接到学校的通知假期去参加法国冰雪项目培训，心里便忐忑，直到收拾行李时心里还很惶恐，担心不能很好地完成培训工作。出了戴高乐机场，意识到自己真的站在法国的土地上了，方觉得既来之则安之。暗自决定在接下来的时间，一定要好好感受和学习。在从巴黎转乘大巴前往北京体育大学法国夏斗湖校区的路上，看到了阳光下金光闪闪的香榭丽舍大街，远近都毫无死角的埃菲尔铁塔，独具匠心的巴黎圣母院，遍布满城的名胜古迹，夕阳下鳞次栉比充满比例之美的古老建筑，的确觉得艺术与建筑、自然与人文，水乳交融、美轮美奂。巴黎，尽管只是惊鸿一瞥，却使我深深地懂得，体育竞技表现与运动精神是一个国家文化底蕴与精神物质文明的自然延伸。我国举办2022年冬奥会，绝不仅仅是一场大型赛事，它要向世界传递的是东方文化、古老文明。让世界再次认识北京，我们责无旁贷。

二、夏斗湖——专业高效

夏斗湖校区位于中法国际大学城，环境幽静，田径场、足球场、篮球场、网球场等体育场馆样样齐全，非常适合学习和培训。近4小时的车程后，我们于晚上11点左右抵达了目的地。第二天一大早，我们便开始了头脑风暴，为期三周的授课培训正式开始。每天上课6小时，课下结合上课内容进行讨论和学习。培训班讲师的造诣高深，有世界冰壶联合会主席凯特·凯斯内斯女士、国际滑雪联合会秘书长萨拉·路易斯女士、国际田联名誉副主席海尔默特·狄更尔博士等。除此之外，还有一些滑雪教练中的“精英”。他们不仅用自己良好的专业素养为我们提供了专业的知识，同时也从他们的角度指出北京举办2022年冬奥会我们应该做什么。2022年冬奥会绝不仅仅是冬季项目的运动会，它是我们所有人的运动会。赛场上比的是运动员，赛场下展现的是大国的风范，即使一个小小的接待工作都需要我们做细做实。负责培训的两名翻译人员表现出来的专业程度不仅体现在法语和英语的能力上，也将娴熟的中文能力展现得淋漓尽致，无论专业术语还是遣词造句，都令人敬佩。由于培训班每人的专业不同，故在课堂上所提到的问题角度不同。运动训练学本身是一个综合性的学科，需要和生理生化、解剖、生物力学、体育管理甚至是体育美学等各种知识结合起来。临去法国之前，我负责把手头的专家相关资料翻译了一部分，并且整理出来打印成册。这个之前的准备工作很有用，我可以一边听课一边理解，从而起到举一反三的效果。

课余时间，我们参观访问了夏斗湖政府以及体育运动之家。法国政府的体育主管部门名称为“城市、青年和体育部”，这个部门的设立本身说明了法国十分重视青年与体育的结合。夏斗湖市政厅决议大厅设有12位市长席位和42位理事席位，包括10位反对党席位。夏斗湖市政府非常重视体育，主管体育的副市长在所有市长中排名第三位。夏斗湖市政府管理90个体育职业俱乐部，涵盖10余项体育项目。市政府每年给予90个体育职业俱乐部100万欧元津贴，其中35万欧元用于足球俱乐部，其他津贴分发给夏斗湖市的各类培训中心和职业俱乐部，分配比例按照90个俱乐部主席开会决定的标准执行，标准包含俱乐部教练人数、俱乐部交通、设施等10个因素。此外，市政府还为俱乐部提供一定数量的体育器械。

夏斗湖的体育运动之家属于省一级体育机构，主要是面向大众体育，针对青少年的体育培训和体育运动。虽然体育运动之家的场馆与场地很有限，但是定位准确、使用合理、利用率之高令人叹为观止。

参观法国夏斗湖的体育运动之家

三、阿尔贝维尔——细致严谨

阿尔贝维尔位于法国的西北部，曾主办1992年冬季奥林匹克运动会，这是最后一次与夏季奥运会同年举行的冬奥会。这里有连绵的阿尔卑斯山脉，其中勃朗峰海拔 4 810 米，常年积雪，无论地理位置还是气候条件都有得天独厚的优势。我们在这里进行了一周的实地考察活动。法国有多达 352 个滑雪站，除了专门的滑雪站，在日常生活中，法国民众也有很多参与冰雪运动的渠道。例如，我们参观的蒂涅滑雪场，尽管是世界著名滑雪场，价格对当地青少年却非常“亲和”，每个青少年仅需向蒂涅滑雪俱乐部（类似于我国的滑雪协会）每年缴纳 150 欧元，即可使用雪场并得到专业滑雪教练的指导，即便在夏天，也可去接近勃朗峰峰顶的常年积雪区继续滑雪。再如，阿尔贝维尔奥林匹克滑冰场设有专门的公众开放日（周三），阿尔贝维尔当地民众可在公众开放日当天免费使用滑冰场。如果想要更为深入地参加滑冰运动，则可以选择加入由政府支持的冰球、冰壶、花样滑冰、短道速滑等 4 个冰上运动俱乐部，每年同样仅需缴纳 150 欧元。

夏莫尼，阿尔贝维尔的小镇之一，位于勃朗峰脚下，地处法国、瑞士和意大利交界处。这里曾举办过 1924 年第 1 届冬季奥林匹克运动会，而全球著名的法国国立滑雪登山学校（ENSA）即位于夏莫尼小镇上。该校是世界上第一所登山学校，由法国体育部直接管辖。ENSA 之所以闻名于世，是因为该校在登山和滑雪人才培养方面有着严格的培训、考核和认证体系，经过几十年的发展，已经培养了一大批国际顶尖的高山向导和滑雪人才。其专业水平和严谨程度令人咂舌。ENSA 有两大类课程，第一类课程旨在培养滑雪人才（滑雪教练分为两个学习层级，一类是具有一定专业水平的滑雪指导员，全部培养过程累积花费 435 小时；另一类是具有较高水平的滑雪教练，需在滑雪指导员课程基础上再累积花费 520 小时），每年能培训出约 350 个有资格认证的滑雪指导员，但成为有资质的滑雪指导员至少需要三年；第二类课程是培养高山向导（高山向导的培训分为四个学习阶段，全部培养过程需要花费约 595 小时），每年能培训出大约 50 个有资格认证的高山向导。ENSA 的课程具有高度的国际化水平，来自世界各国的学员均可以加入上述课程的学习。但遗憾的是，我国尚未有学员学习高山向导类的课程（刘洋曾在ENSA学习滑雪类课程，并最终获得了滑雪指导员资质）。

参观勃朗峰

同样令人印象深刻的是冬奥之家博物馆，无论是临时展品还是固定展品，从滑雪器具，到开幕式上舞蹈演员的服装，无论是获得奖牌的照片还是冬奥会场馆的模型，都体现了专业、严谨。这使得奥运会结束之后，奥运精神仍能成为宝贵的遗产继续宣传和传承。

参观第1届冬奥之家博物馆

四、后 记

法国培训之行圆满结束了，我十分感谢学校领导、人事处以及外事处为此次活动付出的大量心血，让我有幸参与了此次培训。此行虽然很短暂，但无论是在思想上还是专业上，对我来说都有很大提高。同时，我也看到欧洲冰雪运动的强大及我们与世界冰雪强国的差距。未来，我们要学习—积累—改善—提高—创新，怀着感恩之心，保持客观理性，夯实基础，务实创新，一步一个脚印踏实前行。

法国冰雪运动项目考察感悟

体育工程学院　曹润

2018 年 8 月 6 日—26 日，我参加了北京体育大学承办的冰雪项目赴法国培训班。经过 20 余天的授课学习和实地考察，我对冰雪项目、冬奥会以及相关的科技、产业的发展都有了较为详细的了解，收获颇丰，重点总结如下。

一、冰雪项目在法国的发展情况与我国情况的对比

冰雪项目在欧洲十分活跃，群众基础很好，是一种自发的活跃运动形式。在法国勃朗峰山区附近，冰雪项目非常普及，冰雪运动小镇随处可见。同时，参与冰雪项目的人群也是多样化的，经常可以看到一个家庭中大人带着孩子参加冰雪项目的情况。同时，冰雪项目往往和本地的地理特征深度契合，并与休闲和旅游项目深度融合。

我国的冰雪项目目前的发展仍然是以政府推动、冬奥会的推动为主。新建的冰雪项目场馆、场地由于建设时间短，很多仍没有探索出一种较

好的运营模式。参加冰雪项目的人群相对总人口来说较少，持续参与的热情相对较低。

这种国内外发展情况的对比造成的主要原因有：民族性格、经济基础、发展时间等三个方面。

（一）民族性格对冰雪项目的影响

从家长培养孩子的角度就能反映出国内外的不同。中国家长更倾向于乐器、棋类等爱好的培养，体育的培养基本上只是存在于学校体育和高收入家庭对孩子的课外兴趣班；而在欧洲的家庭中，运动是必不可少的教育内容，地方政府、国家对于运动的推动和各种细化的制度，在欧洲也普遍可见。

欧洲人在运动项目的选择上，对比中国人，更倾向于户外的、激烈的、刺激的运动项目（如冰球中的激烈对抗），中国人更倾向于技巧灵活、需要更多思考的运动项目。这一点可以从我国的乒乓球、羽毛球等项目的普及程度看出。当然，随着改革开放的深入，中国人在运动项目的选择上也逐渐出现了多样化趋势。

法国冰球教练训练儿童如何在冰球运动中摔倒对手

（二）经济基础对冰雪项目的影响

参加冰雪项目一般需要特定的场地、特殊的设备，如雪橇、滑雪板、防寒防水的特殊衣物，而在我国目前普通家庭的经济收入并不能完全支撑这一整套的消费。设备一般均以租用为主，特别是在场地费用、培训费用的支出上，冰雪项目对大多数中国家庭而言，目前仍是以每年度假期间参与1~2次为主。

复杂多样的高山滑雪装备

（三）发展时间对冰雪项目的影响

欧洲的冰雪运动在冬奥会、地方性运动会的推动下，早就已经发展为很大的规模，相关基础设施非常完善，管理能力和宣传手段也相对完善，在我国近代是没有这样的运动传统的。目前，我们对运动的重视、对奥运会等大型比赛的重视时间并不长，大型雪场、冰场在我国的建立也是近年来逐渐推动的，这也限制了冰雪项目在中国的发展。

冰雪运动设施

运动宣传材料

目前，我国冰雪项目的教练培训体系仍然有待完善，大多数雪场冰场的教练均是雇用的资深爱好者。欧洲已经建立起了一套完善的教练员培养体系、证书认证管理体系，而这些体系的构建和发展也体现出了国外在冰雪项目上的发展时间优势。

二、科技在冰雪运动中扮演的角色

科技的发展对于冰雪项目的影响主要涉及以下几个方面：材料学和力学对装备的推动作用、人体科学对运动成绩的提升作用、信息技术对冰雪项目普及的作用。

（一）材料学和力学对冰雪运动的影响

冰雪运动项目由于涉及雪橇、滑雪板、冰鞋等特殊的冰上雪上的运动装备，故这些装备的改进和发展对于冰雪项目有巨大的推动作用。

以滑雪板为例，最早的滑雪板是由质地较好的木头制作而成，无论是耐用程度还是性能都相对较弱。随着近代工业的发展，滑雪板逐渐演化出20多层的结构，每层结构均有不同材质的材料，如金属、塑料、木头、纳米材料等，不同的材料又发挥不同的作用：有耐磨层、弹性层、支撑层、黏合层等。每种材料的添加、改进的背后都需要大量的工程人员、庞大数量的实验、精密仪器的支撑。

除了材料的改进，形状、弹性等参数的改进，还需要大量的基于力学、生物力学的研究，需要对人体进行数据建模、运动数据采样、装备的响应数据均作出大量的数据采样和分析工作，从而才能支撑各种装备的持续改进。

另外，衣物的编织技术、复合材料的使用，也使得冰雪项目中衣着更为轻便、防水防风性能更好。例如：Gore-Tex材料的应用，极大地改进了衣物的透气、保暖、防水性能。下图是Gore-Tex材料的原理和制成品、滑雪板的多层拼接。

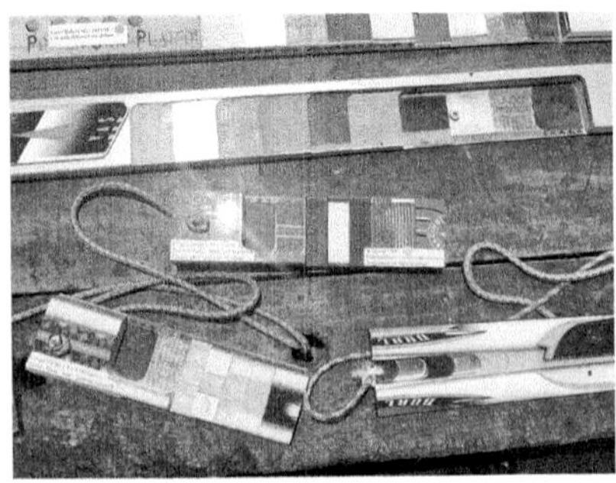

科技材料在运动装备中的应用

（二）运动人体科学对冰雪运动的影响

运动人体科学是运动生理学、运动医学、运动生物力学等多方面的、多学科融合的学科。现代体育运动是一个涉及多方面支撑的活动。欧洲在这方面的发展和国内的发展模式也有差异，通俗地说，欧洲的研究更多是直接由运动自发需求衍生出来的学科与研究项目，经过多年的研究已经深入到了很核心的领域。因此，研究同时具备了贴合体育需求，同时又做得足够精细，满足了体育需求；相对来说，我国不少的科研仍然是为了科研而科研，距离体育运动的真实需求相差较远，而能够和体育运动需求有真实接触的研究者往往又无法调用多学科融合的科研团队，导致真实的需求又无法满足，或者满足得不够充分。这样就造成了很多运动队对科研人员普遍有一个误解，认为科研人员就是采集数据做实验，解决不了现实的体育问题。

（三）信息技术科学对冰雪运动的影响

体育运动在目前的本质仍然是人的身体的运动，故信息技术，无论是大数据、人工智能，还是虚拟现实技术，均只能是起到辅助作用。事实上，本次考察使我更多地体验到，在法国，信息技术是运用在雪场管理、商业数据分析等内容上，并没有强行地将科技和体育运动进行嫁接。

在信息技术和人体科学的交叉领域，有不少新颖的研究项目，特别是和生物力学结合的方面，对于人体运动数据、装备数据的建模处理，运用了很多科技手段，多学科融合地为体育运动提供支撑。

三、总　结

综上所述：经济水平的发展、改革开放后的西方文化融入、科技的发展、冬奥会的举办等多方面因素的促进，使我国处在了发展冰雪运动的关键节点。为了能够更好地推动冰雪运动的高效开展，真正地满足国人的冰雪运动需求，我们切记不能“闭门造车”“纸上谈兵”。无论是产业还是科研，我们都需要实实在在地去体育运动场中寻找需求，然后组建多学科交叉融合的队伍，务实地去解决这些真实的需求。

纸上得来尚觉浅　辅以躬行方近真

——法国冰雪研修有感

教务处　章潮晖

2018 年 8 月 6 日至 26 日，我参加了北京体育大学 2018 年冰雪项目骨干教师（教练员）赴法国研修班学习，在北京体育大学法国夏斗湖校区和法国东南部阿尔贝维尔地区以冰雪运动为主题开展学习和考察。我在学校教务处负责本科人才培养工作，希望通过冰雪项目的研修探索学校冰雪人才的培养，为 2022 年北京冬奥会贡献北体力量。整个日程安排得充实而有序，周到而合理。全体成员圆满完成了所有的研修任务，我个人也收获满满。

一、研修概况

此次参与培训的是来自北京体育大学教学、训练、科研的骨干教师。通过学习冬季项目教学科研、运动训练、赛事管理、场馆运营和人才培养等相关主题，实地考察观摩法国冬季项目场地、俱乐部等机构，目的是加强 2022 年北京冬奥会后备人才储备，切实提高我校骨干教师、教练员、科研人员的冬季项目教学、训练和科研能力。在法国的日子里，我们行程近 2 000 千米，听了 16 场课堂讲座，考察观摩了 11 处冬季运动场所。我作为研修一班的成员，参加了所有研修项目。

二、研修内容

（一）课堂学习

8 月 7 日早上 9 点，我们在时差尚未倒过来的情况下就开始了紧张的课堂学习环节。教学楼位于夏斗湖校区的西南角，是目前校区投入使用的唯一一栋教学楼。在修葺一新、设备齐全的教室上课，学员们的情绪都很高涨。

第一堂课由法国国立滑雪登山学校（ENSA）的滑雪教练给我们讲授的主题是“法国冬季体育运动现状与文化”。迪杰 · 拉丰教练是个经历丰富、技能出众的多面手，他既是滑雪教练，又是职业户外运动摄影师。他从建造滑雪站的环境需求、法国滑雪站的起源、滑雪站的运营要求、滑雪站的冬季运动和夏季运动、滑雪学校及教练培训、冬季运动锻炼中的潜在风险和救援等六个方面详细介绍了法国冬季体育情况。当天下午，迪杰 · 拉丰教练又从滑雪站开展滑雪以外的活动和动态、滑雪站的经济和媒体宣传、滑雪的经济带头作用、冬季运动的推广、滑雪运动的未来等五个方面以翔实的数据向我们介绍了如何做好冬季体育的营销与推广。迪杰 · 拉丰教练一天的讲座涉及面广、内容新颖,对于平时较少接触和了解冰雪运动的我们来说,确实增长知识、开阔眼界。在提问交流环节中，大家积极提问、踊跃发言，就感兴趣的授课内容同迪杰 · 拉丰教练进行了交流。

8 月 8 日上午同一时间，与北京体育大学有着良好的关系与合作、一起创办了“荷兰周”活动、促进了中荷文化交流的荷兰瓦格纳集团总裁菲利普 · 瓦格纳给我们授课。主题是“如何建立优秀的组织”。

菲利普·瓦格纳结合如何基于资源做战略决策、为什么体育如此重要、有关的理论框架、组织创造价值的因素、组织计划包括的四个阶段、有活力的体育产业的价值、体育遗产影响的四个方面、什么有助于创建遗产等焦点问题进行了深入的讲解，并结合荷兰的实际情况对什么是良好的体育文化以及如何进行体育文化推广与学员进行了良好的交流与互动，启发大家认真思考如何建立优秀的体育组织以及体育对于更好的世界有着怎样的意义。菲利普·瓦格纳指出，奥运会需要大家的共同参与，成功举办奥运会仅是目标之一，还要致力于促进社会的改善，我们建立的良好团队不仅仅是为了成功举办冬奥会，还要有助于促进体育事业的发展。下午3点开始的讲座由在英国伍斯特大学任教的吉欧佐·莫那主讲体育社会科学方面的内容。吉欧佐·莫那首先介绍了他与奥林匹克文化的渊源及其进行的相关研究，继而从现代奥运会的历史发展开始讲述奥林匹克运动的重要性，并指出现代奥运会中存在政治因素。吉欧佐·莫那认为，尽管国际奥委会的管理者都反复提到奥运会与政治因素无关，但是奥林匹克宪章中规定的基本原则并没有得到严格的执行和遵守，吉欧佐·莫那希望奥林匹克运动能够使大多数人受益而不是让小部分人受益。

8月9日上午继续由吉欧佐·莫那讲座的主题是“冬奥会的批判性分析”。本讲座以批判性的视角系统讲述了冬奥会的发展历史。从夏莫尼到平昌，冬奥会虽然不断发展，但也存在不少问题。主要问题包括：举办地自然条件、世界政治环境、当地政府财政、民众支持、兴奋剂问题等。这些问题在以后的冬奥会举办过程中要得到充分的重视并做好充足的预案。虽然每届冬奥会都存在这样或那样的问题，但总体来讲，冬奥会的规模不断增大，需要不断地进行相关研究，解决发展中存在的各种问题。讲课结束后学员们又积极发言提问，吉欧佐·莫那都一一给出了满意的答案。下午由荷兰短道速滑队资深教练杰拉德·马蒂斯讲座的主题是“精英体育培育的经验教训”。杰拉德·马蒂斯于1988年获得冬奥会短道速滑的铜牌，作为运动员和教练参加了四届冬奥会，执教经验丰富。他从人才开发、团队力量、创新意识、教练指导等几个方面讲述了精英运动员的培育原则。他认为运动员的培育按年龄不同应该有不同的阶段。成年运动员可以唯成绩论，但在青少年阶段更应该注重运动员的发展潜力。同时，对于运动员应该注意团队力量的培养，让每一个运动员认识到团队优先的重要性。在运动员的训练中要注重创新意识，努力在各个方面进行创新。同时，在教练团队中要注重在不同的训练周期采用不同的策略。杰拉德·马蒂斯作为一名成功的速滑教练员，传授的经验和教训来自实践第一线，给我们以极大的启发。

8 月 10 日上午的讲座主题是“高山滑雪运动能力基础和专项实验诊断”，由来自克罗地亚首都萨格勒布大学运动机能学院的托米斯拉夫博士主讲。克罗地亚虽然国土面积小、人口少，但在篮球和足球方面取得了比较大的成就，2018 年足球世界杯就获得亚军。托米斯拉夫博士首先介绍了高山滑雪所包括的两个分项大回转、速降的比赛特点和与其他项目的差异性，让大家对高山滑雪有了清晰的认识。托米斯拉夫博士对高山滑雪运动员所应具备的运动能力进行了分析，他认为要包括平衡、反应速度、协调和灵敏能力等。他还介绍了各种运动能力测试方法及注意事项。大家通过博士的讲授对高山滑雪运动能力诊断及测试有了较为全面的了解，讲座在博士对学员的问题进行了细致解答后结束。通过本场授课，我对高山滑雪项目有了较为清晰的认识。在下午的讲授中，博士介绍了高山滑雪运动员的技能发展情况。博士针对高山滑雪项目运动员运动能力组成要素提出进行专项训练的内容，对平衡能力训练、反应速度训练、心理训练等进行了简要介绍。对于这些运动能力的训练主要体现在循序渐进原则和专项性原则。对于不同能力训练给出了具体训练方法和手段以及注意事项。使我对高山滑雪专项运动能力训练有了非常清楚的认识，我的一些疑问也通过提问得到了解释。

经过两天的休整，8 月 13 日我们开始了新的一周课程。主讲是来自法国的 Bertrand Camus，中文名字叫陈山龙，滑雪 / 登山专业教练。他从 1976 年开始在法国、瑞士、澳大利亚、中国和日本当教练。他还是唯一一个获得法国国家滑雪教练证书的中国人刘洋的教练。他主要讲了滑雪运动的早期历史、法国滑雪运动的发展历程，并对滑雪运动从生物力学角度进行了分析。此外，他还从滑雪技术改进、相关滑雪设备的创新、滑雪站的建设和投资等多个角度对不同时间段滑雪运动的发展进行了详细解读。他认为滑雪运动随着设备的改进，相关滑雪技术变得越来越统一。随着滑雪站的不断建设，人们会越来越把滑雪运动作为一种有益身心健康的休闲活动，但是滑雪运动的发展也存在滑雪站的过度建设及破坏生态环境等弊端。

陈山龙在下午的讲座中对冬奥会的发展历史及滑雪运动的专业培训进行了讲解。他认为冬奥会的不断发展使得运动项目越来越丰富。在我们最感兴趣的滑雪运动的专业培训方面，他重点介绍了法国滑雪运动业余和专业培训的相关经验。同时认为中国滑雪运动的专业培训存在缺少滑雪专业培训人员，滑雪站管理不规范，滑雪教育方面缺少国家投资等问题。

8 月 14 日的讲座由现任国际滑雪联合会秘书长萨拉 · 路易斯主讲。萨拉 · 路易斯自 2000 年开始，一直担任国际滑雪联合会秘书长的职位，为世界滑雪事业做了大量工作。她讲解了国际滑雪联合会的功能及组织架构、冬奥会比赛项目及比赛的组织实施。国际滑雪联合会具有完善的赛事组织架构及营销推广机构，并建立了透明的监督管理组织和有利于项目可持续发展的支持机构，同时与奥运会组委会密切合作，共同开展冬奥会的组织和管理。冬奥会比赛项目主要包含越野滑雪、跳台滑雪、北欧两项、高山滑雪、自由式滑雪、单板滑雪等，项目类别不断增加。同时，相关的组织与管理工作方法不断优化，通过冬奥会专业工作人员培养、测试比赛的组织等一系列活动的指导，与相关国家的奥运会组委会一道办好每届冬奥会。下午萨拉 · 路易斯主要讲解儿童及成人冰雪运动的推广。她说以北京2022年冬奥会为契机，结合国际滑雪联合会的“雪娃”项目、“雪上运动推广日”活动及GISS-China项目，不断推广中国的滑雪运动并通过社交媒体报道这些活动。GISS-China项目采用金字塔式的培训方式，培训冰雪运动的专业教练，培养更多的冰雪运动爱好者。

8月15日的课程由国际田联名誉副主席海尔默特·狄更尔博士主讲，他是北京体育大学客座教授，他讲授的主题是“冬季项目与冬奥会对社会经济的影响”。他以北京成功申办并积极筹备2022年冬奥会为背景，系统介绍了冬季项目与冬奥会对社会经济的影响，详细阐述了以冬季项目为主的体育产业在社会经济中的重要性。他还以平昌冬奥会为例，以详细的数据和实例，介绍了平昌冬奥会的成功举办所带来的经济和社会效益，特别是针对奥运后的经济、环境、文化、和平遗产和通信技术等方面的奥运遗产进行了梳理。讲座详细介绍了冬奥会申办的过程和可能承担的风险；提出了未来冬奥会承办城市在严防出现“白象现象”的基础上，在气候、山区海拔、场馆数量、交通便捷度等方面也提出了具体要求及建议；他还介绍了奥运举办的预算管理、利益相关方及组织的复杂性，分析了奥运遗产对社会经济的影响，提出了奥运会在致力于减少支出，提升赛事吸引力等方面所倡导的新标准。整个讲座充满了他对北京能够成功举办2022年冬奥会的信任和期许，也从专业的角度提出了许多有益的建议。

8月16日，我们很高兴和世界冰壶联合会主席凯特·凯斯内斯女士一起度过了愉快的一天。凯特·凯斯内斯于2010年当选为世界冰壶联合会主席，是世界冰壶联合会的第一位女主席，也是冬季项目联合会的第一位女主席。2017年，凯特·凯斯内斯女士被授予北京体育大学名誉教授称号。凯特·凯斯内斯主席为我们讲授了冰壶运动的历史、冰壶运动的精神、冰壶的比赛场地、冰壶的比赛规则、冰壶比赛的要求、来自平昌冬奥会的经验教训和残疾人冰壶的开展这些内容，为我们打开了一扇了解冰壶运动的大门。在交流环节中，我就如何开展冰壶裁判员培养事宜和凯特·凯斯内斯主席深入交流，获得了满意的答复。

（二）考察观摩

8 月 17 日下午，我们开始了实地考察之旅，前往夏斗湖市拜访参观一家省级体育运动之家。体育运动之家属于省一级体育机构，开展针对青少年的体育培训和体育运动推广，为近 3 000 名学生提供服务。其体育设施包括：健身器械和健身房、环形自行车赛道，草地网球场、游泳池、小型高尔夫球场，弧形乒乓球桌等体育设施。这些设施管理完善，满足了周边人群的体育运动需求。离开体育运动之家，我们来到夏斗湖市政府大楼访问。主管体育的副市长马克·福勒亥先生热情接待了我们，他向我们介绍了夏斗湖市学校体育、俱乐部体育以及体育赛事。尤其是市长先生介绍：夏斗湖市政府管理 90 个体育职业俱乐部，涵盖十余项体育项目，市政府每年还给予 90 个体育职业俱乐部 100 万欧元津贴，为俱乐部提供一定数量的体育器械时，我们由衷感受到了法国政府对体育的重视。

8 月 20 日，我们来到了法国东南部萨瓦省的梅杰夫小镇，考察梅杰夫体育运动中心。整个梅杰夫体育运动中心建筑面积达 35 000 平方米，主要由市政府投资建设，市政府管理。体育馆设施除了对一些赛事的运动员提供训练保障等服务外，还提供给学校，各类体育俱乐部等使用。对于当地居民，一些设施是免费提供使用，此外也适当提供有偿服务。其所属冰场设施完备，尤其具有兴奋剂检测设施，可以为冰球、花样滑冰等冰上项目大型赛事提供技术保障支持。下午，我们来到萨瓦省伊泽尔谷考察，接待我们的伊泽尔谷市长马克·鲍尔（Marc Bauer）介绍说，伊泽尔谷是欧洲最古老的滑雪站之一，现在逐步发展成世界知名的滑雪赛事举办地及滑雪旅游胜地。至今有多位伊泽尔谷人获得奥运冠军。每年来自世界各地的高水平滑雪运动员在伊泽尔谷训练，世界各地的滑雪爱好者也到这里旅游度假。此外，伊泽尔谷也是唯一一个可以从头至尾全程清晰观看滑雪比赛的滑雪场。伊泽尔谷除了举办奥林匹克及世界杯赛事外，还举办了很多地区及法国大型比赛。

8 月 21 日上午，我们考察了邻近梅杰夫小镇的圣热尔韦勃朗，市长让·马克·佩莱斯(Jean-Marc Peillex)在市政府办公大楼举行了欢迎仪式，并介绍了圣热尔韦勃朗的情况。圣热尔韦勃朗就在勃朗峰下，不仅冬季可以来滑雪、旅游、度假，夏季也有很多旅游度假项目。圣热尔韦勃朗有滑冰馆，每年可以举办花样滑冰、冰壶、冰球等赛事，有一定的国际影响力。它还有两片滑雪场分别跟夏莫尼和梅杰夫共享，滑雪道总计长度达到 500 千米，也曾举办过滑雪项目的世界杯和世锦赛。下午 2 点，我们在旅游局迪杰（ Didier ）局长的带领下乘缆车考察了雪场。由于是夏季，我们看到漫山遍野的滑道绿草如茵。当地每年的雪季从 11 月到第二年的 5 月，长达半年，主要开展冰雪运动，而夏季则以开展户外休闲运动为主。在 1 850 米高度上，圣热尔韦勃朗雪场的全景已经尽收眼底了。雪场独特的地理环境、丰富的冰雪资源、巧妙的雪场设计、合理的运营管理、使我们对于一个滑雪小镇有了更新的认识。

8 月 22 日上午，我们来到了久负盛名的第 1 届冬奥会举办地夏莫尼。我们首先考察的是位于夏莫尼的 ENSA。它创建至今已经有 70 余年的历史，具有完备的培训体系，由夏莫尼培训基地和鲁纳山脉培训基地两部分组成。学校共有 30~35 名管理人员、27 名技术和服务人员、200 名左右培训老师。基地主要进行高山滑雪指导员和登山指导员的培训，每年可培训 350 名左右高山滑雪指导员。学校重视对外合作，期待与中国院校分享经验，展开国际交流。下午，全体学员参观夏莫尼体育运动之家，负责人玛丽 · 诺埃尔 · 弗洛里（ Marie Noelle Fleury ）向大家介绍了夏莫尼体育俱乐部负责组织最重要的三项赛事：高山滑雪世界杯、勃朗峰马拉松赛和攀岩世界杯。玛丽 · 诺埃尔 · 弗洛里还介绍了首届冬奥会举办的情况，如冰壶、冰球、雪橇、花样滑冰、速度滑冰和冬季两项等赛事。随后带领研修班参观训练、比赛场馆。

8 月 23 日我们考察了蒂涅。蒂涅是 1992 年冬季奥林匹克运动会自由式滑雪场地，在工作人员带领下，我们乘坐专门的穿梭巴士通过隧道抵达海拔 3 020 米的山顶雪场。除 8 月之外，这个滑雪场全年开放，是高山滑雪爱好者的最佳目的地之一。尽管是酷暑的季节，雪场温度仅 10 摄氏度左右。我们研修班的大部分成员都尝试了冰川徒步，实地感受冰雪文化。

8 月 24 日是我们在法国考察的最后一天，我们来到 1992 年冬奥会举办地阿尔贝维尔市，阿尔贝维尔隶属于法国萨瓦省，曾主办 1992 年冬季奥林匹克运动会。1992 年冬奥会成功举办后，阿尔贝维尔市收集了大量与 1992 年冬奥会相关的图片、物品，建立了冬奥之家博物馆，供世界各地的人们参观学习。通过参观阿尔贝维尔冬奥之家博物馆，大家对 1992 年冬奥会的筹办、准备、场地位置、服务人员、雪上项目用品及冬奥项目运动员等相关信息进行了了解，同时就博物馆的布置、展览、管理等问题与冬奥之家管理者进行了深入细致的交流。

三、体会与建议

（一）体　会

（1）开展冰雪运动需要一定的条件，开展高水平的冰雪运动需要高水平的条件，而冬季夏季都开展适宜的运动更需要全方位的条件。通过考察，我们对于开展冰雪运动、举办 2022 年冬奥会，推动三亿人参与冰雪运动、合理开发利用场地资源、发展体育产业以及体育强国的建设又有了新的认识。

（2）目前，我国在冰雪运动上与世界冰雪运动强国存在较大的差距，主要体现在各个层面，如冰雪运动体制机制、冰雪运动历史文化、冰雪运动社会基础及群众基础、冰雪运动发展理念、冰雪运动竞技水平等方面。

（3）我们提高了对冬季奥林匹克运动会的了解，对其发展脉络有了较为清晰的认识。尤其难得的是通过对冬奥会的批判性分析，我们辩证地认识了冬奥会举办中遇到的各个层面的问题并做了一定深度的思考。

（4）直接与世界高水平滑雪教练对话，接受高水平滑雪运动的训练和教学思想指导，使我们在很短的时间内接触了世界最高层次的滑雪训练理论和方法，刷新了以往我对滑雪运动的理解和感知。

（5）能够当面聆听世界冰壶联合会主席、国际滑雪联合会秘书长等国际冰雪运动组织最高领导层的授课，了解最新项目发展、国际赛事、裁判培训等信息，为今后北京体育大学进一步融入 2022 年北京冬奥会的各项工作打下坚实基础。

（6）充分考察并感受世界顶级冰雪运动场馆及设施，领会其设计理念、运行规律、冬夏统筹、以人为本、环保为先的战略思想，为我们北体人全面参与冬奥会、进一步发挥服务国家体育大局的重要作用提供了模式参考。

（7）1992 年冬奥会举办地阿尔贝维尔非常重视对冬奥会遗产的收集、整理、保护，建立起较为齐全完善的冬奥之家博物馆，为传承、弘扬冬奥精神和冬奥文化起到了不可替代的作用，也使得阿尔贝维尔市曾经的冬奥历史不因年代逝去而为世人所遗忘。

（二）建　议

（1）发挥北京体育大学奥林匹克学部的作用，精心进行顶层设计，在冬季运动项目各类人才的培养上做文章，为 2022 年北京冬奥会服务。

（2）依托新申报的冰雪运动专业，按高等教育层面的专业建设理念积极开展专业建设，尽快提升专业建设水平，早日开展专业人才培养。

（3）积极拓展人才培养新途径，创新冰雪运动人才培养新模式，以“走出去”的形式组织冰雪运动各类学生到北京体育大学法国夏斗湖校区开展学习实践活动。以“引进来”的形式通过外专引智计划邀请国际冰雪运动界知名专家、学者、教练、体育组织官员等到北京体育大学授课，提升北京体育大学冰雪运动水平。

（4）积极与世界冰壶联合会、国际滑雪联合会等冰雪运动项目国际体育组织建立长久而深入的联系，开展各类裁判员队伍培训，为各级各类冬季项目赛事储备裁判人才。

（5）借鉴法国成熟而先进的冰雪产业发展理念，结合中国实际情况，积极开展各类冰雪运动项目建设。特别是滑雪小镇的冬夏季建设发展模式值得深入借鉴。

赴法国研修班培训总结

国际交流与合作处　吴俊

一、概　况

2018 年 8 月 6 日—26 日，本人有幸参加了北京体育大学 2018 年冰雪项目骨干教师（教练员）赴法国研修班（1 班）培训。三周的培训课程内容丰富，理论与实践结合，前两周以课堂教学、研讨的形式在北京体育大学夏斗湖校区教室内进行；后一周通过实地考察的形式，前往法国阿尔贝维尔周边地区和高等院校现场交流。作为一位从事国际交流与合作的外事干部，参加此次研修，我受益匪浅。

二、学习体会和感悟

（一）从知识技能角度加深了对冰雪项目的了解

迪杰·拉丰是整个课堂授课的第一位老师，一位来自 1924 年第 1

届冬奥会举办地夏莫尼的滑雪教练。他主要介绍了近年来由于全球变暖导致滑雪季缩短,滑雪场的经济效益受到的巨大冲击、挑战。通过互联网、电影、娱乐和体育明星对滑雪的宣传，冬季滑雪运动项目得到了极大的推广和宣传。他介绍了滑雪对经济的巨大推动作用，目前全世界滑雪人口占总人口的2%，滑雪运动拥有巨大的潜力。通过介绍法国冬季体育运动现状与文化、冬季体育的营销与推广、滑雪运动的早期历史、法国滑雪运动的发展历程及从生物力学角度对滑雪运动的分析，我们了解了滑雪运动的技术改进、相关滑雪设备的创新、滑雪站的建设和投资等多方面知识。滑雪运动作为一种有益身心健康的休闲活动，其发展也带来了滑雪站过度建设及破坏生态环境等弊端。中国滑雪运动存在缺少滑雪专业培训人员、滑雪站管理不规范、滑雪教育方面缺少国家投资等问题。

现任国际滑雪联合会秘书长萨拉·路易斯讲解了国际滑雪联合会的功能及组织架构、冬奥会比赛项目及比赛的组织实施。国际滑雪联合会具有完善的赛事组织架构及营销推广机构，并建立了透明的监督管理组织和有利于项目可持续发展的支持机构，并与奥运会组委会密切合作，共同开展冬奥会的组织和管理。冬奥会比赛项目主要包含越野滑雪、跳台滑雪、北欧两项、高山滑雪、自由式滑雪、单板滑雪等项目类别不断增加。同时，相关的组织与管理工作方法不断优化，通过冬奥会专业工作人员培养、测试比赛的组织等一系列活动的指导，与相关国家的奥运会组委会一道办好每届冬奥会。秘书长还介绍了儿童及成人冰雪运动的推广。以北京2022年冬奥会为契机,结合国际滑雪联合会的“雪娃”项目、“雪上运动推广日”活动及GISS-China项目，不断推广中国的滑雪运动。GISS-China项目采用金字塔式培训方式，培养冰雪运动的专业教练，培训更多的冰雪运动爱好者。

国际田联名誉副主席、德国田径协会名誉主席、德国杜比根大学教授海尔默特·狄更尔博士以北京成功申办并积极筹备2022年冬奥会为背景，系统介绍了冬季项目与冬奥会对社会经济的影响，详细阐述了以冬季项目为主的体育产业在社会经济中的重要性。以平昌冬奥会为例，他以详细的数据和实例，介绍了平昌冬奥会的成功举办所带来的经济和社会效益，特别是针对奥运后的经济、环境、文化、和平遗产和通信技术等方面的奥运遗产进行了梳理。通过介绍冬奥会申办的过程和可能承担的风险，狄更尔教授提出了未来冬奥会承办城市在严防出现“白象现象”的基础上，在气候、山区海拔、场馆数量、交通便捷度等方面的具体要求及建议。我们学到了奥运举办的预算管理、利益相关方及组织的复杂性及奥运遗产对社会经济的影响。

凯特·凯斯内斯是于2010年当选的世界冰壶联合会（WCF）的第一位女主席，也是冬季项目联合会的第一位女主席。如同她本人从一名冰壶运动员成长为主席一样，主席以非常生动、深入浅出的方式，让我们对冰壶运动的发展历史、冰壶精神、比赛场地、比赛规则、比赛要求、平昌奥运会的经验教训及残疾人冰壶运动的开展情况有了全面了解。通过她的讲座，我爱上了冰壶这项运动。

荷兰格罗林根体育管理学院院长菲利普·瓦格纳结合如何基于资源做战略决策，解释了体育的重要性。利用相关理论框架，结合荷兰的实际情况，对如何创建一个优秀的组织、培养良好的体育文化以及如何进行体育文化推广进行了讲解，启发大家认真思考。他指出，奥运会需要大家的共同参与，成功举办奥运会仅仅是目标之一，还要致力于促进社会的改善，我们建立的良好团队不仅是为了成功举办冬奥会，还要有助于促进体育事业的发展。

英国伍斯特大学讲师吉欧佐·莫那于2010年出版了《奥林匹克的政治因素》一书，目前正在从事奥运遗产、2012年伦敦奥运会和残奥会教育计划的利益相关者评估等研究。他的讲座以批判性的方式系统讲解了冬奥会的发展历史。认为冬奥会虽然不断发展，但也存在不少问题。主要问题包括：举办地自然条件、世界政治环境、当地政府财政、民众支持、兴奋剂问题等。因此，在以后的冬奥会举办过程中要充分考虑这些因素的负面影响，做好充足的预案。虽然每届冬奥会都存在这样或那样的问题，但总体来讲，冬奥会的规模不断增大、不断发展，并需要不断地进行相关研究，解决发展中存在的各种问题。他还从社会历史学角度探讨奥林匹克运动的政治因素，介绍了他与奥林匹克文化的渊源及其进行的相关研究，继而从现代奥运会的历史发展开始讲述奥林匹克运动的重要性，并指出现代奥运会中存在政治因素。他认为，尽管国际奥委会的管理者都反复提到奥运会与政治因素无关，但是《奥林匹克宪章》中规定的基本原则并没有得到严格的执行和遵守，他列举了一些实例来佐证自己的观点，并希望奥林匹克运动能够使大多数人受益而不是让小部分人受益。

萨格勒布大学体育学院院长托米斯拉夫·克里斯特切维奇博士以生动的课堂教学模式讲解了高山滑雪运动能力基础和专项实验诊断的专题，高山滑雪包括大回转和速降。他分别介绍了其比赛特点和与其他项目的差异性，让听众对高山滑雪有个清晰的认识。他对高山滑雪运动员所具备的运动能力进行了分析，包括平衡能力、反应速度、协调和灵敏等。他还介绍了各种运动能力测试方法及注意事项，使听众对高山滑雪运动能力诊断及测试有了较为全面的了解。克里斯特切维奇讲解的另外一个专题是“高山滑雪运动员的技能发展”。他介绍了针对高山滑雪其运动能力组成要素进行专项训练，包括平衡能力训练、反应速度训练、心理训练等，并强调了掌握这些运动能力的训练主要体现原则：循序渐进原则和专项性原则。对于不同能力训练，他给出了具体训练方法和手段以及注意事项。由于他自己曾为该项目专业运动员，本人直接动作示范，配合多个前沿的技术分析视频，让我们对该项目有了非常清楚的认识，开阔了视野，非常实用！

荷兰短道速滑队教练杰拉德·马蒂斯以运动员和教练员身份参加了长达 16 年的奥运会，于 1988 年获得冬奥会短道速滑的铜牌，培养过两位奥运冠军。他也当过足球教练，现从事精英体育管理与人才开发相关工作。以“精英体育培育的经验教训”为主题，他从人才开发、团队力量、创新意识、教练指导等几个方面讲述了精英运动员的培育原则，认为运动员的培育按年龄应该有不同的阶段。成年运动员可以以成绩论发展，但在青少年阶段更应该注重运动员的发展潜力。同时，对于运动员应该注意团队力量的培养，让每一个运动员认识到团队优先的重要性。在运动员的训练中要注意创新意识，努力在各个方面进行创新。同时，在教练团队中要注意在不同的训练周期采用不同的策略。

课堂学习之外，我们还参观了法国夏斗湖市政府、省级体育运动之家、阿尔贝维尔梅杰夫体育运动中心、伊泽尔谷滑雪场、法国国立滑雪登山学校（ENSA）、夏莫尼体育运动之家参观法国蒂涅滑雪场、山地公园及体育场、圣热尔韦勃朗体育馆、圣热尔韦勃朗滑雪小镇等体育设施，对法国著名的滑雪胜地和体育场有了非常直观、全面的认识。对法国对冬奥会遗产的传承印象深刻，比如，蒂涅滑雪场全年仅有一个月不对外开放，可见利用率之高。法国体育旅游业发展成熟、价格亲民，比中国某些滑雪旅游胜地的价格标准便宜不少。

总之，本人从一名门外汉，转变为一名对冰雪运动有深入了解，并具有浓厚兴趣的外事工作者，这对我提高自身综合能力、更好地服务2022年冬奥会无疑具有重大意义。

（二）培训所学知识技能成果转换为服务学校“三大转型”目标

为了进一步深化改革，加快建设世界一流体育大学步伐，北京体育大学全面推进从传统经验型体育大学向现代科技型体育大学转型，从以夏季项目为主的体育大学向夏季冬季项目全面发展的体育大学转型，从本土化体育大学向国际化体育大学转型。经过此次培训，我对冬季项目的理解和认识全面提高，结合自身工作实际，本人觉得通过以下几点可在一定程度上为学校实现转型做出点滴的贡献。

1. 聚焦前沿学科，打造科研平台，助力我校向现代科技型体育大学转型

整个培训期间，无论是课堂学习，还是实地考察，本人无不感受着科研重如泰山的客观事实。国际交流与合作处应义不容辞发挥优势，以敏感的神经聚焦国际前沿科技及学科优势，找到国外与我校合作的契合点，打造科研平台，组建强大的多方科研团队，按照国家科研评价指标体系开创项目，提高我校科研水平。我校应该一线贯穿校内各部门及院系，保持良好的沟通体制，以大局意识服务学校科研发展需求。不论来访、出访还是平时国际交流沟通，保持敏感的科研嗅觉，我们才能发现项目合作的潜能。应联动科学技术处，把我校现有重大科研项目清单和近期需求列出，有的放矢；同时收集关系院校及合作伙伴科研项目清单及合作需求，以最高效的方式对接，实现最快速、高质量的成功产出。

2. 利用国际体育组织的影响力和支持助力我校转型

本次夏斗湖受邀讲师中，有三位为国际体育组织重要人物（世界冰壶联合会主席凯特·凯斯内斯，国际滑雪联合会秘书长萨拉·路易斯和国际田联名誉副主席、德国田径协会名誉主席海尔默特·狄更尔），他们的授课时间为整整两天，与我校两个班进行了深入交流和研讨，这是提升我校国际形象和影响力的重要机会。他们平时日程繁忙，抽出两天时间为我校培训授课，实属不易。除以上三位我校“荣誉教授”或者客座教授外，我校还与多个国际组织（不仅仅是冬季项目相关国际组织）有合作关系，应充分利用这些关系和平台，服务学校转型的大局，创造机会邀请他们与我校多多深入交流。此次培训过程中，国际交流与合作处以我为代表，已协同教务处、校办等部门与相关国际组织进行洽谈，在冬季项目培训、推广等方面达成双赢、互补的具体合作方案。将来更多类似的合作方案将可持续，长远助力学校实现向夏季冬季项目全面发展的体育大学转型。

3. 提升北京体育大学师生，特别是教师的英语等外语水平

国际交流与合作处应协同教务处、研究生院、人事处、规划处、科技处等部门，研讨一套合适的考核激励机制，打造学校英文授课课程体系，提高留学生比例，提升国际化指标。通过参加专业英语培训机构长短期语言培训或者量身定制的英语培训方案，全面提升我校师生英语水平，为推进国际化进程解决第一道难题。教师英语水平不高，也同样制约着科研的国际化。英语作为使用最广泛的外语，理应作为第一要求强化提高的语言工具；当然，为适应冬季项目发展、国际合作的需求，其他相关语种如法语、西语等小语种也可适当鼓励学习。2018 年度，学校以参加雅思培训班的形式快速提高学生英语水平，为 9 月份数百学生受学校全额资助海外留学提供了重要保障，外语的重要性不言而喻。

三、建　议

夏斗湖校区后勤服务水平需要提高。本次培训期间，夏斗湖住宿、多媒体教室等方面均出现了服务不到位的情况，给培训工作带来不便，希望团队加强改进，匹配国际标准，为师生提供良好的学习、工作保障。

夏斗湖校区需进驻北京体育大学更多的人力资源，利用地处法国的优越地理条件，长期规划，开发语言培训、封闭式训练、专题培训等课程，真正发挥其作为北京体育大学在欧洲的人才培养基地、实习基地和交流中心的功能。

海外培训的行前教育会必须对学员进行全面的国际礼仪培训和规章制度培训，以免尴尬事件发生。

体育强国，体能先行

——北京体育大学2018年冰雪项目骨干教师（教练员）赴法国研修班学习交流感悟

体能训练学院　李春雷

2018年8月6—26日，我有幸参加了北京体育大学2018年冰雪项目骨干教师（教练员）赴法国研修班。此次培训之前，本人一直参与夏季奥运会的科技保障工作，参与过国家蹦床队、国家艺术体操队、国家游泳队、国家花样游泳队和国家羽毛球队等队伍的体能训练保障，对冬季项目了解不多，但对冬季项目一直比较关注，特别是北京成功申办2022年冬奥会后，迫切期望能在家门口为国家冬季项目做点什么。2018年8月初，在北京体育大学举办了法国行前培训班，由于本人正在南京跟随国家羽毛球队备战世锦赛和亚运会，很遗憾没能参加该培训，但本人主动自主学习行前会议精神，为后面的出国培训打下了很好的基础。为了此次法国学习，本人还专门请假没有跟随国家体育总局亚运会保障团去雅加达。出国学习是为了更好地回国工作和服务，因此，我带着强烈的求知欲望踏上了法国学习之旅。

本次法国学习，时间不长，但在组织的精心设计和安排下，还是让我较全面了解了法国冬季项目的开展情况，让我对冬奥会项目有了一个比较清晰的认识。根据学习体会结合自身业务专长和工作领域进行了深深的思考，特别在如何借鉴法国的经验和自己服务夏奥会的工作经历，去保障我国冬季项目训练有了一定的构想。

一、法国冬季项目学习感悟

在法国期间，前两周我们主要在法国北京体育大学夏斗湖校区进行理论学习。北京体育大学在法国的分校让我们的学习和生活变得非常便利。这两周培训分别邀请了业内顶级专家进行授课，授课教师有大学教授、国际项目协会主席及冬季项目奥运会金牌教练，讲师团阵容不可谓不强大。授课内容涵盖了冬奥会项目设置、冬奥会对社会经济影响、法国冬季体育运动文化、冬季体育运动组织建构与管理、冬季冰上项目设施的维护管理、世界冰壶联合会发展、高山滑雪运动员实验室技术和体能诊断、大道速滑体能和技术训练安排设计等。

通过组委会的精心组织和授课专家的精彩讲授，使我对冬奥会有了初步的了解。通过学习，我对北京能举办夏奥会和冬奥会感到无比的自豪！当然，也感到很大的压力。冬奥会对自然条件有着特殊的要求，在这一方面，法国有着得天独厚的优势；另一方面，冬季项目在中国还不是很普及，人才相对匮乏，但我们有成功举办无与伦比的北京奥运会的经验。在培训过程中，我深深感受到来自法国方面的合作的热切愿望，以及世界滑冰协会主席和世界冰壶联合会主席对中国满满的善意和祝福。

圣热尔韦勃朗市市长："1924 年法国夏莫尼举办了第 1 届冬奥会，从此夏莫尼地区成了旅游城市""我们愿意在 2022 年北京冬奥会之前迎接来自北京的贵宾"。

法国国立滑雪登山学校校长："我们有很多合作伙伴，但从现在开始我们最重要的合作伙伴是中国！"

世界冰壶联合会主席凯特·凯斯内斯女士："有任何问题都可以找我，我愿意帮助你们！""除了苏格兰，我最爱的就是中国了！"

通过以上不同人物短短的热情洋溢的讲话，看到的是中国不断增大的国际影响力和话语权！

与北京体育大学荣誉教授、世界冰壶联合会主席凯特·凯斯内斯女士（右）合影

二、法国冬季项目考察体会

在法国北京体育大学夏斗湖校区学习两周以后，我们来到了法国的阿尔贝维尔地区。这一周的时间主要是现场交流和考察当地的滑雪、滑冰等体育运动设施。经过一周马不停蹄地观摩，我们大概了解了法国奥运会冰场、雪场的运营和维护情况，冬季体育项目俱乐部和政府之间的关系，冬季项目教练员、运动员等专门人才的培训系统。

在考察观摩交流过程中，个人感觉法国在地理条件上有优势，冰场、雪场连成网状，专用设施、装备琳琅满目，懂滑雪、参与滑雪的人群比比皆是，滑雪、滑冰等冬季体育活动已经逐步成为当地人的生活方式。个人建议我们可以跟夏莫尼的滑雪学校合作，有针对性地聘请师资力量来中国帮助我国培养专门的滑雪、滑冰运营和教练人才，或者把我国的专业人士外派到法国进行系统学习，尽快提升人才整体的水平。

与世界花样滑冰的冠军伊莎贝尔（女）合影

三、学以致用，积极参与我国冬季项目科技服务

本人的专业是体能训练，为十多支夏奥会项目队伍提供体能训练保障，得到众多优势项目队伍和精英运动员的高度认同，也曾指导研究生服务过国家花样滑冰项目体能训练，但参与度远远比不上夏季奥运会项目。但我始终坚信，体育是有共性的，而且任何体育项目都离不开体能。记得我曾经跟全国的教练员说过："体能不是万能的，但没有体能是万万不能的"，冬季项目亦是如此。因此，如何在中国的冬季项目中实施科学体能训练保障，应该大有空间。

克罗地亚萨格勒布大学托米斯拉夫教授为我们带来的正是我最想了解的专题——"克罗地亚国家滑雪队体能训练"。记得2009年我随团去美国学习体能训练，当时美国体能协会主席专门提到克罗地亚这个国家。美国体能协会主席最佩服的就是克罗地亚这个国家，因为克罗地亚国家国土面积小、人口少，只有几百万人口，但这个国家无论在夏季奥运会还是冬奥会上的优异表现让全世界都记住了它，是当之无愧的体育强国！托米斯拉夫先生身为大学教授却长期为克罗地亚冬季滑雪国家队提供体能训练保障服务，托米斯拉夫教授对体能理念认识很深刻，业务水平很高，服务效果显著，队伍成绩突出。分析其成功秘诀不外乎有三点至关重要：①长期下队服务队伍，教授对项目和队伍相当了解，大学不是象牙塔，教授不仅仅是理论家。理论来自实践，实践才是检验理论水平的唯一标准。②科研一定要联系实践，实验室与运动项目、运动员结合紧密，大学教授及其研究生团队就是实验室设备和运动队成绩的纽带和桥梁，实验室不是展览室，实验室的真正价值体现在一线的服务中。③敬业和爱国精神。至今托米斯拉夫教授的话语还萦绕在我的耳畔：“我们的国家很小，但克罗地亚人最骄傲的事情就是能在国家队为国争光！”作为国家体育总局奥运会、世锦赛、亚运会备战体能训练专家，我随国家队征战过三届奥运会，但最期盼的就是在国际赛场看鲜艳的五星红旗升起、听国歌奏响。托米斯拉夫教授的感受正是我的心声！我渴望为我的国家奉献自己的知识，正如一首歌唱到的，“五星红旗你是我的骄傲，五星红旗我为你自豪，为你欢呼，为你祝福，你的名字比我生命更重要！”

与克罗地亚萨格勒布大学托米斯拉夫教授（右）合影

荷兰短道速滑队金牌教练杰拉德·马蒂斯先生在课程中介绍："教练不是给运动员注满一桶水，而是帮助其点燃一盏灯"。金牌教练员应将人才开发放在首位，不断激发运动员的自主性。另外，杰拉德·科姆克斯还介绍："团结是力量，但将最优秀的运动员放在一起，并不一定就是一个优秀的团队"。

与荷兰短道速滑队金牌教练杰拉德·马蒂斯先生（右）合影

何为团队？个人认为，团队就是无上下级区别、代表不同专业领域、为了共同目标团结在一起奋斗的专家群体。

目前，我国的高水平运动队大量高薪聘请外籍体能教练，虽然短期可以获得一定的效果，但从长远来看这种策略难以持续。外籍教练不一定都是专家，也不一定比中国人更了解队伍需求，更不要说目标是否跟我们能保持一致。因此，立足国内实现体能训练服务本土化、批量化、团队化才是正确的选择。北京体育大学审时度势、恰逢其时成立了体能训练学院，这对推动中国体能训练乃至"奥运争光"和"健康中国"战略有重要意义。

2020年东京奥运会、2022年北京冬奥会近在眼前，全国人民的奥运热情已被点燃，随着中国经济水平的不断提升、老百姓的生活水平不断改善，中国人对健康的认识也是越来越清晰，奥运争光和全民健康不矛盾，在实施奥运争光计划和全民健身计划的战略中，体能训练大有可为，科学化体能训练是实现我国竞技体育再突破，全面健康再提升的重要保障。体能强少年强，少年强中国强！体育强国，体能先行！

总之，这次法国之行收获满满，我非常感谢国家体育总局、北京体育大学给我这样一个宝贵的学习机会。通过学习，我学有所思、学有所获，当然最重要的是学有所用。为此，我将继续加强自主学习、学以致用，主动加强对冬季项目的研究，利用好北京体育大学体能训练学院这个平台，努力打造北京体育大学体能训练专业品牌，用心去擦亮北京体育大学体能训练的金字招牌，也时刻准备着，并积极参与夏季和冬季项目服务，与各位同行携起手来，齐心协力，全力贯彻落实习近平总书记“办赛精彩，参赛也要出彩”的指示，为实现 2020 年夏季奥运会和 2022 年冬奥会的双线备战的全面胜利奉献自己的一切。

借他山之石 走中国冰雪运动发展之路

——赴法国培训学习体会

心理学院　迟立忠

2018 年 8 月 6 日—26 日，我有幸参加国家体育总局主办、北京体育大学承办的北京体育大学 2018 年冰雪项目骨干教师（教练员）赴法国研修班。其间，我聆听了冬奥研究专家从历史、政治、经济、管理等角度对冬奥发展、现况及存在问题的深刻剖析，冬奥项目国际组织负责人对所负责项目发展概况的介绍及对中国发展该项目的建议，以及部分项目优秀教练员（如高山滑雪、速度滑冰等）结合实践对教练员培训、运动员选拔及培养所进行的细致讲解；实地参观考察了冬奥之家，奥运滑冰场、滑雪场，滑雪学校，与管理者、教练员就运营、维护、训练等方面进行了深入交流。此次培训收获良多，概括为如下几方面。

一、法国冬季运动发展现况与经验

法国作为冬季奥运的发祥地，其冰雪项目起步早、发展程度高。此次培训中，通过迪杰·拉丰教练、陈山龙教练对法国冬季运动发展历程的介绍，以及参观夏莫尼、梅杰夫滑雪场，冬奥会滑冰、冰球场馆，我更真切地领略到法国冰雪项目的民众普及以及受欢迎程度。

法国冬季运动尤其是高山滑雪的高度发展，虽与其拥有全世界最多、最长的滑雪道，以及境内阿尔卑斯山雪季比其他地区更长等自然条件有关。但上至国家政府部门，下至大区省市的政策引领、财政支持、系统布局等密切相关。目前，法国拥有352个滑雪站，其体育设施完备、安全保障严格、培训系统完善、生活娱乐丰富，使得来自法国及周边国家的民众既可充分享受冰雪运动的快乐，又使经营者获得丰厚的经济回报，可谓实现了社会效益与经济效益双赢。此外，法国在冰球、冰壶、速度滑冰、花样滑冰等方面也拥有良好的民众基础与普及率，其管理、培训体系完备，硬件设施保障充分，政府财政支持力度较大，可持续型发展态势良好。

经过近一百年的发展，法国在冬季奥运可持续发展方面积累了丰富经验。例如，夏莫尼作为1924年第1届冬奥会的举办地，该地政府的做法是将冬奥会遗产和城市发展相结合，把冬季项目优势转化为发展体育产业和旅游业的动力，打造了城市经济增长点，提高了城市知名度和影响力，让更多民众享受到健康的快乐，也为国际奥林匹克运动做出自己应有的贡献。

目前，我国国家体育总局已与法国城市、青年和体育部签署了冬奥会合作计划。双方通过分享经验、互学互鉴，在提高赛事组织和管理能力，实现冬季体育产业方面实现互利共赢。

二、北京冬奥会面临的机遇与挑战

19世纪末，欧美滑冰运动传入中国，速滑运动成为北方民众喜爱的冬季运动项目。新中国成立后，参加速滑运动的青少年逐年增多，特别是哈尔滨、长春、齐齐哈尔、吉林等北方城市，群众性冰上运动开展活跃。结合此次聆听国际滑雪联合会秘书长萨拉·路易斯女士就北京2022

年冬奥会备战的针对性讲解，世界冰壶联合会主席凯特·凯斯内斯女士结合个人25年奥运会经验与教训对中国冰壶项目发展提出的宝贵建议，令我更加充分认识到举办北京冬奥会，我们在体育、经济、文化、社会、管理等方面所面临的机遇与挑战。

从发展机遇角度讲，第一，北京有成功举办夏季奥运会的经验，无论场馆等基础设施还是赛事经验，都会为成功举办冬奥会奠定坚实的基础。第二，我国北方的气候与冰雪自然条件适合冬季运动的开展，且有较好的冰雪运动群众基础，通过举办冬奥会可使民众有更多机会认识和参与冰雪项目，使大众尤其是青少年在冰雪活动中体验快乐、增进健康、实现身心和谐发展。第三，举办2022年冬奥会，可进一步增强国家软实力，提高中国的国际地位，振奋民族精神。第四，通过借鉴法国等冰雪强国的体育产业发展经验，可为我国冬运经济提供发展动力，建立起完整的产业链，以绿色方式拉动国内经济增长。第五，萨拉·路易斯女士、凯特·凯斯内斯女士等也在讲授中指出，国际奥委会以及冬季项目单项国际组织将与中国冬奥组委全力合作，为中国举办冬奥会提供官员培训、技术培训、裁判员管理、赛区测试工作管理等方面的指导与帮助，为中国备战冬奥会提供全面支持。

从挑战与应对方面看，首先，与夏季奥运项目开展相比，目前我国民众对冬季运动项目了解少，参与程度低；即使在竞技运动领域，众多冰雪项目也处于起步阶段，约三分之一冬奥项目属刚刚起步，与世界一流水平存在明显差距。这对于4年后北京冬奥会中国实现“全项目”参赛，无疑是一巨大挑战。为了推进我国民众对冬季运动的了解与参与，中国政府提出了“三亿人参与冰雪运动”的口号，并响应FIS（国际滑雪联合会）的“雪娃”项目、“雪上运动推广日”等倡议，努力“把孩子们带上冰雪”。据FIS保守估计，到2022年中国将有1 758万人加入滑雪运动。其次，虽然中国已具有备战夏季奥运会的成熟经验，但在冬奥会的备战上仍存在经验缺乏、专业人才奇缺的突出问题，不仅缺少教练员、运动员、管理人员、裁判员，场馆设置维护、设备安装维修等相关技术人员也严重不足。如何培养本国技术人员及借助国外技术力量的专业支持，也成为一个亟待解决的问题。对此，萨拉·路易斯女士指出，FIS可协助开展高水平官员的培训；协助开展如U形场地的赛道设计、维护、雪具、救护等方面的技术培训；协助开展单板滑雪、自由式滑雪等项目的裁判培训工作；协助开展赛区测试工作管理等。凯特·凯斯内斯女士也提出建议，联合会愿与中国合作开展冰场维护（如制冰等）方面的专业人员培训工作。最后，她提出，中国在冬奥会的经济学研究以及经营管理模式的探讨还较少，从政治、文化、教育等方面进行的冬季体育运动的研究也待深入，这对于更好备战冬奥会，促使中国冬季体育运动的深入可持续发展也会带来一定影响。此次培训中，海尔默特·狄更尔教授的“社会经济学视角看待冬奥会”，菲利普·瓦格纳教授的“优秀体育组织的构建和管理策略”，吉欧佐·莫那博士的“从社会历史学角度探讨奥林匹克运动的政治因素”等讲座，对于加深我们从经济、管理、政治角度深层次思考冬季奥林匹克运动，提出了富有见地和启示性的观点与看法。

三、冬季项目运动员及教练员的选拔与培养

中国举办2022年冬奥会，是为世界搭建展示冰雪项目魅力与技艺的平台，我们也应借此展示中国冰雪运动发展的面貌与前景。为此，政府部门定下了实现“全项目”参赛的挑战性目标，而要实现此目标，最为关键的问题是要尽快选拔、培养冬季奥运项目的优秀人才。此次培训中，一些优秀教练员关于专项人才培养的专题讲座，为我们后续开展此方面工作提供了有益的启示与借鉴。

陈山龙教练、法国国立滑雪登山学校的埃尔韦·约瑟伦（Hervé Josseron）校长和尼古拉（Nicolas）教练，分别在其讲座中对法国高山滑雪项目教练员的培训体系以及运动员的选拔与培养途径等进行了系统翔实的介绍。法国滑雪教练员的培养体系由两个学习层级构成，其中穿

插了多个考核和实习实训环节。通过第一层级学习，学员可成为中级水平的滑雪指导员；经过第二层级培训，并通过“欧盟安全测试”，学员可获得国家滑雪教练员文凭。在滑雪运动员的培养上，法国天才运动员的发现有两个渠道：一是在俱乐部比赛中发现好苗子，二是通过省级或大区比赛招募人才。被发现的12~15岁天才运动员送入类似于中国体校的8个大区级别的希望中心，接受更为专业的培养，并完成基础文化教育。年龄更大、水平更高的运动员可以进入国家层次的培训中心（国家中心）进行培训，为国家队输送人才。无论是在区域希望中心，还是国家培训中心，都非常注重学生运动员的文化素质教育，协调学训矛盾，实行弹性学制，高质量、综合性培养学生运动员。

前荷兰国家队速滑主教练杰拉德·马蒂斯根据自身培养冬奥速滑冠军的经验，提出了对我们或具有重要启示的精英体育培育的经验与教训，主要包括：①在人才开发方面，在上层唯结果是正确的，在下层或采取以开发为主是正确的。教练需要将人才放在首位，必须了解人，让运动员自己有动力。②关于团队力量，虽然速滑系个人项目，但以团队为先会让个人表现更加出色。为此，教练要尽量避免队伍内部的恶性竞争，形成良好团队氛围。③不进则退，在精英体育教育中应该具有创性思维，采用渐进式领导方式。想进步就必须承担风险，这是精英体育人才培养最有趣的地方。④关于训练比赛指导，可分三个阶段：日常训练，采取批判性态度；赛前训练，鼓励态度；赛时，既鼓励也批评，以鼓励为主。

此处分享的教练员、运动员培养经验，或呈现一定的国家、地区特色，刻上体制、文化的烙印，或融进教练员的个体工作色彩，但对于冰雪运动发展相对滞后的我们在发现与培养人才方面，无疑具有宝贵的借鉴价值。

四、先进经验的借鉴与自主探索

此次赴法学习，确实让我们从冬奥会发展历史、冬奥会与国家经济、文化、政治的关系层面对我国举办冬奥会，以及未来我国大力发展冬季运动项目的深远意义有了更为深刻的认知，对我校实现夏奥项目和冬奥项目人才的培养，也有了更加切实的理解，也为自身投入冬奥备战进行了思想上的动员与知识上的铺垫。

此次培训，通过冬奥组委官员、冬季项目组织负责人、多个项目优秀教练员以及冬奥经济、政治、文化研究专家的多方面介绍，加之对法国夏莫尼、梅杰夫滑雪场、冬奥会训练比赛场馆等的实地考察，使我们对法国等冬季运动开展先进国家的经验拥有了全面直观的了解，结合我国冬季运动与冬奥备战的实际，也对我们自身的未来工作拥有了一些新的想法与思路。

但需正视的是，我国冬季运动发展起点较低，无论从大众参与还是奥运竞技层面，我国目前冬季体育发展的现况与成功办好北京冬奥会的目标还有很大的距离，还有很多很紧迫的工作要做，尤其是优秀运动员的选拔与培养。虽然他山之石可以攻玉，但我们必须看到差距，必须认识到基于不同的国情，不同的政治、经济环境，不同的文化，在借鉴他人经验的同时，需要探索和走出一条适合中国整体国情、切合中国体育发展现况的备战冬奥、发展中国冬季体育运动的可行之路，或是一条超常规的快速发展之路。虽不求急功近利，但亦要在有限的时间内、有限的条件下，我们应尽己所能，备战好奥运，并为中国冬季运动的长久、可持续性发展奠定扎实基础。

备战冬奥，要坚持严谨求实的科学精神，要满怀只争朝夕的热情与干劲。

立足实际，促进中国冰雪运动健康持续发展

——参加法国冰雪运动研修活动有感

竞技体育学院　米靖

2018年8月6—26日，受学校派遣，我参加了“北京体育大学2018年冰雪项目骨干教师（教练员）赴法国研修班”的学习培训活动。此次研修班的培训调研活动分为两个阶段，分别在夏斗湖和阿尔贝维尔两个城市举行。在夏斗湖北京体育大学分校区的第一阶段学习，主要进行的是理论知识的培训，邀请欧洲冰雪运动强国的著名专家、学者、有关协会的官员进行授课，内容涵盖了冬奥会的历史、现状，法国冰雪运动的经验，冬季运动的组织、管理、发展，国际冬季项目有关组织的发展及其作用，冰雪专业人才的培养等多个领域，其间，我们还参观了夏斗湖市的市政厅，听取了分管体育的副市长对城市体育的介绍。第二阶段的培训在阿尔卑斯山中的几个城市进行，主要是对两届冬奥会的举办地夏莫尼和阿尔贝维尔的奥运遗产、冰雪场馆、设施，以及法国国立滑雪登山学校（ENSA）进行考察和调研，并听取他们的经验介绍。21天的培训，行程紧凑有序，内容丰富多彩，感受也很深，既有对法国运动开展的适宜气候和自然环境的羡慕，也有对法国冰雪运动长期发展积淀

下来的优良文化传统的认同，两者相辅相成，相得益彰，共同构筑了今天法国冰雪运动强大的根基。下面就自己感兴趣的冰雪运动如何在中国健康持续发展话题，谈一下自己的感受。

一、法国冰雪运动发展的经验

（一）适宜的气候条件和良好的地理位置是法国冰雪运动开展的独特优势

法国的滑雪场主要集中在阿尔卑斯山和比利牛斯山地区，区位优势明显。第一，纬度高。这两座山地处北纬 45° 到北纬 48° ，高纬度带来的好处是较为低矮的树线，这意味着超过 1 500 米就是没有树木遮挡的茫茫雪山和一望无际的雪道。第二，海拔适合。阿尔卑斯山平均海拔在 3 000 米左右，滑雪场通常是从海拔 1 000 米出头的小镇开始，直到接近 3 000 米的山顶。因为海拔不高，即使在含氧量较低的冬天，在雪山中滑雪也不会有高原缺氧反应。第三，大量的降雪和长积雪期。阿尔卑斯山脉地处中欧温带大陆性湿润气候和南欧亚热带夏干气候的分界线。潮湿的地中海和大西洋海风随着阿尔卑斯山的海拔升高而变成降雪。积雪期也是从 10 月开始直到来年的 6 月，长达八九个月的积雪期保障了雪季的长度，个别冰川滑雪场甚至全年开放。第四，冬暖夏凉。阿尔卑斯山山脚下的小镇冬季平均气温在 0 摄氏度上下，并无严寒，即使在高达 3 000 米的峰顶气温也在零下 10 摄氏度左右，身穿滑雪服并不觉得寒冷。

这些得天独厚的气候、地理优势为滑雪运动的开展提供了自然条件，使得滑雪爱好者有更多的滑雪时间和更好的滑雪体验。

（二）悠久的体育传统和庞大的参与人口是法国冰雪运动壮大的重要基础

体育在法国有着悠久的历史和优良的传统，现代奥林匹克之父——

顾拜旦就是法国人，他把现代奥运会理念发扬光大。法国还是举办国际体育赛事最多的国家之一，迄今为止已成功举办过两届夏季奥运会、三届冬奥会、两届国际足联世界杯、三届欧洲足球锦标赛、每年一度的环法自行车赛和罗兰·加洛斯网球公开赛及 F1 赛事等。体育运动成为法国人最喜爱的休闲娱乐活动之一，据法国城市、青年和体育部的统计，法国人口仅为 6 700 万，但是法国体育人口占到了总人口的近七成。在第 1 届冬奥会举办地夏莫尼市，各体育俱乐部的注册会员达到 3 045 人，约占全市人口的三分之一。同时，法国滑雪运动同样历史悠久，据记载，1878 年在巴黎举行的世界博览会上，法国登山家亨利·杜阿梅（Henri Duhamel）就向参会人员展示和介绍了法国的滑雪技术，让大家了解滑雪运动。悠久的历史、全民体育参与意识成为法国冰雪运动发展的重要基础。

（三）政府高度参与和完善的组织管理是法国冰雪运动壮大的制度保障

得益于法国冰雪运动悠久的历史，法国的冰雪运动组织体系、标准体系、人才培养体系等制度体系逐步完备。其中，非常重要的一点就是政府在冰雪运动发展过程中发挥了重要作用。一方面，政府拥有绝大多数的滑雪场的所有权和运营权，以此保证滑雪这项高危运动的安全性和合规性。截至 2018 年，全法国共有 250 个左右的滑雪场。大部分滑雪站的所有权属于政府，82% 的滑雪收益来自政府所有的滑雪场。相对于中国，法国的滑雪站在管理制度建设、规范化和标准化方面都有较大的优势，运行管理的资金使用受到政府的严格监管，保证了资金的安全和使用效率，这些经验和优势值得中国学习和借鉴。另一方面，政府参与体育俱乐部的建设。调研中发现，法国的一些体育俱乐部有深厚的政府背景，政府每年都会给俱乐部一定的资金支持，俱乐部的性质也多为非营利组织。这些特点决定了俱乐部的组织使命和运作理念，聚焦于为民众参与体育做好服务这一核心目标，保证为体育参与群体提供优质服务。除了政府高度参与，法国冰雪运动的组织体系、人才培养体系、标准规范体系等也逐步建立完善。各部门、组织协调，制度规范、透明，管理有序，认证严格，保证了冰雪项目在制度约束和规范下健康持续发展。

二、中国冰雪运动开展的建议

（一）建立科学发展的理念和原则

2015 年 7 月 31 日，北京获得 2022 年第 24 届冬季奥林匹克运动会举办权。与此同时，北京也创造了历史，成为第一个既举办夏奥会又举办冬奥会的城市。中国冰雪运动迎来重大发展机遇，习近平总书记提出了“三亿人参与冰雪运动”的希望和要求，体育界及相关领域积极响应，并付诸行动，在政策制定、场地设施建设、人才培养、产业布局等各个方面全面推进，并在某些领域取得了一些成效。但同时我们也看到，一些政策、措施和做法过于激进和超前，违背了项目发展的规律，也造成许多负面的影响。比如，一些不具备开展冰雪运动条件的热点省市、地区，也提出不切实际的冰雪运动的发展目标，强行建设一些雪场、冰场，破坏了自然环境，耗费大量水电资源，违背了绿色、持续的发展理念。2011 年，环保组织“自然之友”曾对北京人工造雪场所水资源消耗和环境状况做了调查，指出：“北京市每年人工造雪的用水量至少 100 万吨，每年所消耗的水量相当于北京市 8 300 个家庭 1 年的用水量总和。”北京目前有 22 块滑雪场，用水量相当可观，这还不算造雪机巨大的电能消耗。除了耗水耗能之外，我国南方大部分地区的气候条件也不适合滑雪运动的开展，加上雪道带来的植被破坏，不切实际地过度发展冰雪运动不是我们的最佳选择。

因此，遵循习近平总书记“绿水青山就是金山银山”的发展理念，建议某些省市重新考量冰雪运动开展的条件，适当调整发展目标和标准，适度发展冰雪运动。

（二）充分利用好现有的自然条件

在中国的东北三省以及一些高海拔地区，具备开展冰雪运动的气候、地理等自然条件，我们要充分利用，并大力配套相关政策、措施，积极引导该地区冰雪运动的开展，在场地设施建设、全民参与、产业布局等方面多想办法、多做工作，打造冰雪旅游品牌，吸引更多的资金参与冰雪产业，吸引更多游客来参与冰雪运动。调研中，法国夏莫尼市政体育专员玛丽·弗勒里（Marie Fleury）女士介绍：夏莫尼市区常住人口 9 000 人，山谷中常驻人口 1.4 万人，而年均可接待游客达到 9 万人。这应该成为我们某些地区学习的目标和榜样。

（三）完善组织、管理、保障体系

由于我国冰雪运动的底子薄、条件差、参与人数少等客观原因，与夏季项目相比，我们冰雪项目的组织建设、管理水平和制度规范化程度都有较大的差距。需要发挥好后发优势，充分学习和借鉴夏季项目以及国外冬季项目的发展经验，并结合自身的发展实际，打造高效的组织结构，建立完善的管理制度和保障体系。一方面，理顺政府、协会、社会的关系，建立“政府主导、协会主办、社会主体”的组织网络。另一方面，秉持“以人为本、服务社会”的理念，在大众参与、精英培养、人才培训、场地设施标准建立、产业发展等各个领域建立相互依托、分类管理的制度体系，规范冰雪运动的发展。

以上是我对法国冰雪运动发展的一些体会和给我国冰雪运动发展提出的一些建议，由于时间紧、思考不成熟等原因，有些认识不一定完全正确，有些建议未必具有可行性，在此做出说明，避免造成误导。

最后，再次感谢国家体育总局、北京体育大学给予我的这次学习机会，使我对法国冰雪运动有了初步但却深刻的认识，对今后的教学、科研工作一定会有很大的帮助。谢谢！

效“法”经典，引“中”创新

——赴法培训有感

体育工程学院　周兴龙

2018年8月7日，北京体育大学2018年冰雪项目骨干教师（教练员）赴法国研修班一行飞赴法国，开始了在法国的三周学习生活。2022年冬季奥林匹克运动会将在北京举行，北京体育大学很多教师职工将在不同方面参与这届冬奥会的工作。在这样的背景之下，此次培训有着特别的意义。行前学校领导也给这次培训提出了三个要求：“围绕备战冬季奥运”“围绕服务学校转型”“围绕能力素质提升”。本次培训分为两个阶段，第一个阶段在法国中部小城夏斗湖，主要是听专家的讲课；第二个阶段在位于阿尔卑斯山脉中心城市阿尔贝维尔，主要是参观和考察冬季比赛场地设施及其运维情况。

一、收　获

通过本次培训，我有以下一些收获。

第一，了解了法国与冬奥会的渊源。培训之前对于法国在冬季奥运方面的认识，仅仅是法国在2014年索契冬奥会上获得4金4银7铜，奖牌榜上排在第10名，2018平昌冬奥会获得5金4银6铜，奖牌榜上排在第9名。培训之后，我了解到，法国作为现在冬奥会的起源地，举办过3届冬奥会。第1届冬奥会被承认有些戏剧性：1921年，国际奥林匹克委员会决定于1924年在法国的夏莫尼举行“1924国际冬季体育运动周”活动，据说由于这次比赛的成功，1925年国际奥委会布拉格年会正式承认这次比赛的成绩和纪录，并作为第8届奥运会的一部分。但由于秘书人员的疏忽，在会议记录中竟然误写为“第1届冬奥会”。在这项活动结束两年后，国际奥委会正式确认这届比赛为第1届冬奥会。1992年2月8日至23日在法国阿尔贝维尔举行了第16届冬奥会。中国在这一届冬奥会上也取得了历史性的突破。中国自1980年开始参加冬奥会，在前三届的角逐中，我国所有的正式参赛项目均处于中下游水平。此次著名速滑老将叶乔波夺得女子速滑500米和1 000米两枚银牌，短道速滑选手李琰夺得500米的银牌。叶乔波和李琰的成功，结束了中国运动员与冬奥会奖牌无缘的历史，同时也向世界宣告中国选手在冬奥会上也占有不容忽视的一席。

第二，对冰雪项目国际组织有所了解。这次培训邀请到了国际滑雪联合会（FIS）秘书长萨拉·路易斯女士和世界冰壶联合会主席凯特·凯斯内斯女士为我们讲课。萨拉·路易斯女士可能是冬奥会中最有“权力”的人——在2022年北京冬奥会109块金牌中，其中55块金牌所在项目由FIS管理。她给我们详细讲解了FIS的架构和职能划分，并重点讲述了FIS如何将冬季项目向全世界做推广以及FIS与中国冬季奥组委的合作推广计划。凯特·凯斯内斯女士除了给我们介绍联合会的组织架构之外，还详尽介绍了冰壶运动的起源、发展、比赛规则、比赛用具和比赛场地的建设维护等，涉及冰壶运动的各个方面。两位“当家人”的介绍，让我对国际组织的架构功能、对项目发展推动作用、对冬奥会项目设置影响等方面有了较为深入的了解。

第三，了解了冰雪项目场馆的建设、运维。在阿尔贝维尔期间，我们参观和考察了梅杰夫奥运滑冰场、圣热尔韦勃朗滑冰场、夏莫尼雪橇场和滑雪场、蒂涅滑雪场和体育场。通过场地负责人的介绍和咨询，我们了解了场馆的建设、运行、维护等各方面的情况，仔细询问了场馆资金投入、公众服务等方面的问题。

第四，了解了法国滑雪教练员的培训机制。在法国设有法国国立滑雪登山学校（ENSA），这是欧洲唯一一个公立的滑雪教练培训学校。要成为一名合格的滑雪教练要在学院接受几个学年的培训，要求十分严格。培训出的教练员水平很高，资格被欧洲所有雪场承认。

第五，了解了一些冰雪项目的训练和科研情况。杰拉德·马蒂斯先生作为一名速滑项目奥运金牌教练，以自身的经历为例子给我们讲述了他在培养奥运金牌运动员过程中的经验教训，并特别指出对于青少年运动员培养要“多鼓励、看潜力”，把对人的教育放在首位，激发其自主性。托米斯拉夫·克里斯特切维奇博士现任克罗地亚萨格勒布大学运动机能学院院长，曾长期担任克罗地亚高山滑雪项目国家队教练，是世界冰雪传奇——克罗地亚“冰雪兄妹”的教练之一，是克罗地亚体育部长第一顾问、高山滑雪项目专家。他针对高山滑雪项目运动员技术诊断相关问题，分别从实验室技术诊断和现场技术诊断两个方面，介绍了运动员运动学和动力学相关参数获取的相关方法和手段，如 Optojump 测评系统、录像分析、传感器、滑雪模拟机与实地测试等。同时，他介绍了克罗地亚特有的一些训练方法，包括模拟训练、路面模拟训练、跑步和举重练习、克服对下降的恐惧的练习、核心肌肉力量训练、协调能力训练以及一些特殊的训练方式共 7 个方面。

二、思　考

通过本次培训，也让我对以下问题产生了一些思考。

首先是奥运冬季项目在我国的普及和推广问题。“三亿人参与冰雪运动”是北京携手张家口申办2022年冬奥会时提出的目标和希望。要实现这个目标，冰雪运动普及成为首要任务。如何能做到冰雪运动的普及呢？我认为最起码要解决两个基本问题：场地问题和教练问题。法国有352个滑雪站（同时也是滑雪学校），很多滑雪站的雪道联结在一起，可为滑雪者提供数千米的不同线路，有的线路甚至可以达到上百千米，直接可以从法国滑到瑞士。在场地硬件条件上，我们和法国相比相差很大。在教练培训问题上，我们的差距就更明显了，法国有专门的教练培训学校，对教练员有资质认证。在这些滑雪学校，每年冬季可培训200万名学生，营业额可以达到2.6亿欧元。然而，目前通过欧洲资质认证的中国滑雪教练员只有1名，这中间的差距何其大。同时，冰雪项目都对器材有一定的要求，价格昂贵的器材和装备也是限制冰雪项目普及的一个重要因素。我国在冰雪装备和器材上起步晚，投入研发的公司较少。造成器材装备特别是高端器材装备依赖进口，价格居高不下。随着冰雪项目的普及，对器材的需求会越来越旺盛，希望更多的中国企业认识到其中的商机，投入到器材装备的制造和研发中来，做大器材装备方面的体育产业，同时也反过来推动冰雪项目的普及。二者互相促进，形成共赢的局面。此外，冰雪项目的普及，不能完全由商业化的形式来解决，国家层面的投入是不可或缺的。法国的经验告诉我们，承担服务公众功能的场馆都有国家拨款补助，这样才能面向群众，让公众能够滑得起雪、溜得起冰。

其次是冬季奥运科技服务问题。冬季项目受自然环境、地理环境影响较大，我国冬季项目强省主要在东北，导致对冰雪项目的研究也多集中于东北一些科研院所。其他科研院所对冬季项目参与较少，自然研究水平也不高。北京体育大学曹卫东校长在学校学科发展的问题上就指出，北京体育大学目前其实是“夏季体育大学”，学校缺少冬季体育项目，缺少对冬季体育项目的科研。通过此次培训，我感觉到在冬季项目的科技服务方面，我们的现状应该是基础条件完备、基本经验欠缺。在这种情形之下，快速提高我们冬季项目科研水平的方式就是将我们的科研人员派出到冬季项目科研强国学习，了解国外在项目科技服务中“做什么、怎么做”，将他们的经验快速应用到我们自己的科技服务中来。

最后是奥运会遗产问题。多名专家在讲课时提到了奥运场馆废弃、奥运申办被冷落的问题。其实2008年奥运会之后，我们也遇到了类似的问题，顺义水上运动中心、朝阳沙滩排球比赛场地、丰台棒垒球比赛场地等，均不同程度出现了利用不足或是废弃问题。承办奥运会越来越成为一种负担。刘延东同志在访问夏莫尼时指出，夏莫尼市作为第1届冬奥会举办地，充分将冬奥会遗产和城市发展规划相结合，把冬季项目的优势转化为发展体育产业和旅游业的动力，打造了城市经济增长点，提高了城市知名度和影响力。刘延东同志的讲话，为我们留下的丰富奥运遗产指出了一条道路。我想我们应该借鉴夏莫尼的经验，构建特色冰雪小镇、大力发展体育产业。通过举办一届精彩、非凡、卓越的冬奥会，让走过近百年历程的冬季奥林匹克运动为东西方不同文明的人们带来更多精彩和欢乐。希望以举办冬奥会为契机，大力发展冬季群众体育项目，让更多民众享受到健康的快乐，为国际奥林匹克运动做出更大贡献。

在夏斗湖学习期间，我也有幸参加了北京体育大学夏斗湖校区的揭牌仪式，实地见证了北京体育大学在国际化道路上迈出的坚实一步。当前，北京体育大学各项改革正在深化，学校正向创建“双一流”大学的目标而努力。作为北京体育大学的一名教师，我应该积极融入学校的改革发展，提高境界、锐意进取、开拓创新，为学校“双一流”建设、为备战2022年北京冬奥会做出自己的努力。

法国冬季运动发展的几点启示

发展规划与学科建设处　张晓静

2018 年 8 月 6 日—26 日，本人作为北京体育大学 2018 年冰雪项目骨干教师（教练员）赴法国研修班学员，赴法 21 天，学习冰雪运动教学、训练、科研、人才培养等相关理论知识，深入阿尔卑斯山脉实地考察法国冬奥赛事组织管理、场馆设施运营和产业经营发展情况，并与当地政府、体育组织及学校进行交流访谈。结合培训所学、所见、所闻、所思，汇报关于法国冬季运动发展的几点启示。

一、尊重规律，加强冬季运动人才培养

法国有 100 多年的滑雪历史，基础建设完备，产业链成熟，政府、滑雪协会、滑雪学校等相关利益主体分工明确，特别是滑雪人才培养体系严谨完备。法国政府于 1946 年建立了第一所滑雪学校法国国立滑雪登山学校（ENSA），以“发展和提高山地运动水平，研究和分析山岳安全风险，训练高水平运动员”为宗旨。经过 70 多年的深厚积淀，

ENSA 建立了严格的滑雪教练培训和认证体系，培养了大批国际顶尖滑雪人才，成为目前国际最知名的滑雪学校之一。

在 ENSA 学员正式进入学习前，首先要进行“学习资格考试”（小回转计时），验证其是否达到学习该课程的最低技术水平；其次进入为期 2 周的准备阶段，学习滑雪技术和教学方法；最后进行欧洲统一测试（大回转计时），通过者需要在滑雪站进行为期 25 天的滑雪教练实习，才有资格进入滑雪学校，进行正式的学习培训。

第一级别的学习培训（总计 4 周课程，最多学习 3 年，部分可再放宽 1 年），目的在于使学员学习高山滑雪“Level 2~4”的理论知识和技术，发展“Level 4”教学所需的技能，掌握一定的滑雪教学方法。通过这一层级考试，意味着成为中级水平的滑雪指导员。

第二级别的学习培训（总计 5 周课程，最多学习 4 年，部分可再放宽 2 年）分为 4 个阶段：一是“竞技教练员课程”（1 周）；二是在滑雪站进行为期 25 天的滑雪教练实习；三是“单板滑雪专家课程”（2 周）；四是“雪山区域安全教育课程”（2 周）。此后，学员需通过“欧盟安全测试”，才算正式通过 ENSA 的教练员认证考核，并获得国家滑雪教练员文凭。

这一套成熟、严谨甚至近乎严苛，但严格遵循滑雪运动项目规律和学员技能发展规律的培训体系，理论学习、雪上实训、实践指导以及考核交替进行。学员要成为一名合格的滑雪教练，除了掌握高山滑雪技术和理论知识外，还要学习运动心理学、运动生理学、教学法、安全救护、风险防控、自然地理、法律等与滑雪相关的方方面面的知识，并在规定时间内通过考试。即便是专业运动员，获得国家认证也并非易事，很多雪友需要 15 到 20 年甚至更长时间才能获得滑雪教练资格认证。

儿童滑雪也有一套很成熟的培训认证体系。很多儿童从 3~4 岁开始学习滑雪。以传统的双板滑雪为例，儿童滑雪类技术官方等级测试分为小鸟级、小熊级、雪花级、1 颗星、2 颗星、3 颗星、铜星、金星 8 个级别，孩子们每年进入一个级别的预备班进行学习并通过测试，就能获得该级别证书与奖牌。8级以上，即为专业比赛级别。从3~4岁开始，一年升一级，很多儿童5~6岁就能达到一颗星的水平。这套儿童滑雪培训认证体系，既严谨又有趣味，在尊重儿童身体与运动技能发展规律的基础上，注重培养儿童滑雪动作技巧，随着级别的提升，雪道难度不断增加，滑雪速度不断提升，孩子们的运动控制力不断增强，从滑雪这项运动中感受到的乐趣也不断增加。

从儿童到成年人，法国的滑雪建立了一套完备严谨、全年龄段衔接、有序的学习培训认证体系，建立了高素质、高水平滑雪人才供给链，在普及与提高国家滑雪运动的同时，确保了产业的健康有序发展。

二、坚持效率与公平并重，发展冬季运动

法国政府在公共体育服务供给方面的很多做法和经验值得我们借鉴。以滑雪为例，全法约有250个滑雪站，大部分滑雪站所有权属于政府，滑雪站的主要设施缆车属于政府主导的公共服务产品，约80%的滑雪收益来自政府所有的滑雪站。鉴于政府的主导作用，滑雪站建设的规范化和标准化程度很高，一方面，运行资金受政府严格监管，资金安全性和使用效益得以保障；另一方面，通过公共体育服务，为市民提供亲近冰雪、参与滑雪的机会，提高滑雪人口比例，扩大滑雪后备人才储备。

阿尔卑斯山脉城市的滑冰场馆设施运营维护上也基本上由政府主导，既提供高水平运动队专业训练设施与服务，又向普通民众提供体育公共服务。2010年开始，政府投入1 700万欧元用于1992年阿尔贝维尔第16届冬奥会滑冰主场馆建设改造工作；国家、罗纳—阿尔卑斯大区、萨瓦省、阿尔贝维尔市四级财政支持投资建设了滑冰场副馆，每年财政补贴营运约240万欧元。副馆向政府主导的冰球、冰壶、花样滑冰、短道速滑等4个冰上运动俱乐部开放，俱乐部注册会员每年只需向滑冰场缴纳150欧元即可使用全年；周三，冰场副馆还面向非俱乐部注册普通

公众开放。

阿尔贝维尔第16届冬奥会滑冰训练场梅杰夫体育运动中心，目前已发展成为阿尔卑斯山最大的综合性体育中心。其中，滑冰场每天7:00—23:00向俱乐部以及民众开放；法国仅有的2条冰壶国际比赛专用赛道每年9月中旬到下一年度4月中旬共7个月时间有偿向公众开放；运动中心还对本市17岁及以下儿童实行门票免费政策。

坚持效率与公平并重的法国冬季运动，实现了群众体育、竞技体育以及体育产业之间的有效衔接和良性互动。滑雪、滑冰、冰壶等冰雪运动，不再仅仅是高水平竞技运动的代名词，同时成为普通民众唾手可得的健身休闲和生活娱乐方式，延续和发扬了运动项目的良好传统，也为法国冬季运动的发展厚植了群众基础，特别是青少年基础，保证了休闲冰雪产业的可持续发展。

三、加强冬奥文化遗产规划与保护工作

曾举办过冬奥会的阿尔贝维尔和夏莫尼都坐落在阿尔卑斯山脉中，城市虽然规模不大，但都分别以冬奥为主题设立冬奥之家博物馆，传承弘扬冬奥文化，成为法国冬季运动的朝圣之地。阿尔贝维尔冬奥会之家通过《奥林匹克运动的意义、符号和价值》《高山发展和滑雪胜地》《1992年冬奥会：10年的准备为了16天赛事》《高山运动器械装备和相关技术》4个主题展示，全方位、立体式展示了1992年第16届冬奥会筹备举办情况。展览中包括开幕式的各种服装、道具，冬奥会的照片与影像资料，各项目冠军得主和运动中的关键技术等。冬奥之家“叙事”并不高冷、宏大，反而处处透着法兰西的精致艺术范儿，与观者没有隔阂，使人愿意亲近，令人甘之如饴。短短两小时参观，让我们对冬奥会历史与文化以及阿尔卑斯山冬季运动发展有了直观且深刻的感受。考察中获悉，为了更好地整合冬奥文化遗产，冬奥之家将与阿尔贝维尔冬奥会场馆进行同步改造，进一步提升冬奥文化遗产的影响力和吸引力。

与阿尔贝维尔冬奥之家一样，夏莫尼冬奥之家也由专门机构和规模并不大却很精干的专业团队进行运营管理。一方面，将冬奥文化符号、标识、设施收藏和史实记载与冬奥会文化遗产宣传教育紧密结合；另一方面，也全面展示了冬奥与当地居民生产、生活之间的密切联系，以及冬季运动的悠久历史与良好传统，激发了观者对法兰西冬季奥林匹克运动的深切文化价值认同。

冬奥会进入北京冬奥会周期已半年有余，如何组建冬奥文化遗产保护专业团队，建立完备有序的冬奥文化遗产保护网络，做好北京冬奥“预热”与“保温”工作，以保持北京冬奥会文化遗产的持久影响力，延续北京冬奥会与国人乃至全球的情感链接，是值得我们思考的严肃命题。

以上几点，是我参加本次培训班的几点体会，对 2022 年北京冬奥会筹备举办有一定借鉴意义。不妥之处，请指正。

冬奥项目发展的理论与实践

——北京体育大学2018年冰雪项目骨干教师（教练员）赴法国研修班学习心得

运动人体科学学院　严翊

2018年8月6日—26日，我作为北京体育大学2018年冰雪项目骨干教师（教练员）赴法研修二班的一员，在位于法国的北京体育大学夏斗湖校区和阿尔贝维尔地区进行了为期21余天的学习。此次学习理论与实践并重，我们既了解了众多冬奥金牌队伍夺金背后的细节，也实地观摩了1992年冬奥会为阿尔贝维尔地区留下的丰富遗产。此刻正值我国全面备战2022年北京冬奥会，实现“办赛精彩，参赛也要出彩”的关键时期，此次研修学习给我们介绍了经验也丰富了我们视野，为下一步投身“科技助力”备战工作提供了不少的启迪。此行收获颇丰，现总结如下。

一、回顾历史，走进冬奥

冬奥会起源于1924年在法国夏莫尼市举办的冬季运动周，有来自16个国家的250名运动员参加，开展的传统项目包括雪橇、冰壶、冰球、北欧滑雪和滑冰。后该冬季运动周被追溯命名为第 1 届冬奥会。1928—1956 年间共举办了 6 届冬奥会，由于第二次世界大战导致 1940—1944 年冬奥会停办。早期的冬奥会集中在欧美举办，这一阶段的奥运会受政治和自然条件影响较大。从 1960 年开始，随着科技的不断发展，冬季项目的发展出现明显的增速，越来越多的人投身冬季项目，冬季项目受关注度明显提高。自 1992 年开始，冬奥会与夏奥会以 2 年为间隔交替举行。

近 20 年来，冬奥会与夏奥会一样面临新的挑战，1998 年长野冬奥会开始的职业运动员与业余运动员同场竞技；2002 年盐湖城冬奥会出现的兴奋剂问题和裁判判罚问题；2006 年都灵冬奥会出现的公共安全和兴奋剂问题；2010 年温哥华冬奥会出现的巨额费用成本问题；2014 年索契冬奥会出现的兴奋剂问题和巨额成本问题；2018 年平昌冬奥会出现的赛事组织问题和雪量问题。这些问题都为我们备战和组织 2022 年冬奥会提供了经验。

回顾历史，此前冬奥会的举办国主要是西方国家，但目前有东移趋势。作为第一次举办冬奥会的主办国，我们面对机遇和挑战，应该借着举办冬奥的东风，充分发展我国的冬季项目运动，从自身出发进一步提高冬季项目运动科技保障水平。

二、追本溯源，了解金牌背后的故事

本次学习期间邀请了杰拉德·马蒂斯和托米斯拉夫·克里斯特切维奇两位奥运会金牌教练为我们展示了奥运金牌背后的故事。

众所周知，荷兰是著名的速滑王国，荷兰在速度滑冰人才培养以及精英运动员培养上具有丰富的经验，杰拉德·马蒂斯教练为我们展示了他 25 年奥运会经历获得的经验与教训，提供了宝贵的经验分享。杰拉德·马蒂斯教练指出，精英体育的培育要想出成绩必须掌握四个关键：①需有合理的且有针对性的训练模式；②需采取团队管理；③不进则退是永恒不变的真理；④教练需有正确的指导方式。

（1）荷兰现有精英运动员培育阶段可分为4~16岁和16~20岁两个阶段，这两个阶段的训练方式既应各不相同，也需相互融合，唯有如此方能更好地发展精英体育。杰拉德·马蒂斯教练目前正在制订一个新的培训项目，称之为“运动员教练教育项目”，这个项目将运动员培育分为四个阶段，即娱乐阶段、基础阶段、预备阶段和精英阶段。目前，荷兰的运动员培育体系仍然只是各个阶段均复制精英人才阶段培育的方式，这种采取单一复制方式培育各阶段运动员的方式并不符合训练规律。为了改变这种状况，他先后花了两年的时间摸索出符合训练规律的新的训练方式。这种人才培养的模式也是荷兰能够常年站在速滑项目尖峰的重要原因。作为一名教练，杰拉德·马蒂斯在多年的执教生涯中发现，精英运动员和非精英运动员发展的目标首先就应有所区别，精英运动员以成绩为主，非精英运动员以发展为主。作为教练员，需要将人才放在首位，必须了解人，才能使运动员有好的训练。教练员给予运动员的是一座灯塔，让运动员自身有强大的动力，发挥运动员的主观能动性。

（2）团队力量是实现运动项目经久不衰的重要保障，这也是多年来我国夏季项目多支队伍持续辉煌的秘诀。每个运动员在队伍中扮演的角色各有不同，并非具有优异成绩的运动员放在一个团队中就必然取胜。虽然冬季项目大多都是个人项目且有明显的个人风格，但由于运动员大部分时间在一起训练，因而需考虑如何合作，提高训练的效率和效果就显得尤为重要。只有充分利用各个运动员的优点，在团队中发挥不同的作用，从训练、生活各个角度扮演不同的角色，这样的团队才能获得更好的成绩，也能让个人表现更加出色。

（3）不进则退是永恒不变的真理，精英体育更是如此。从技术上的创新到训练方法、保障方式上的创新，想要在奥运会等重大比赛中获得佳绩，不断创新是动力的源泉。我国当前提出“科技助力”就是创新的一个部分，通过多学科的交叉希望能够全面保障运动员训练、比赛，也希望形成具有中国特色的备战思路和备战模式，通过多学科的融合和交叉抓准项目训练和比赛的特征，为备战提供指导。同时，我们也必须意识到想要创新，想要进步就必须承担风险，这也是竞技体育的魅力所在。

（4）教练员正确的指导是运动员取得好成绩的重要支撑。从训练竞赛计划的安排到运动心理状态的调整，教练员或教练组承担着为运动员调整备战节奏的重任。面对精英运动员，教练员如何通过多种方式使精英运动员不断进步保持高竞技水准是需要突破的。而精英运动员如何继续突破自己，在“增益其所不能”的过程中控制这些突破带来的负面情绪，鼓励是重要的手段。关于教练员训练中的态度，从训练来讲，可以分成三个阶段：①日常训练，采取批判性态度；②赛前训练时，鼓励态度；③赛时，既鼓励也批评，以鼓励为主。在比赛时主要针对运动员的优点进行指导，扬长避短，充分发挥优势。

冬季项目具有鲜明的特点，室外项目较多，场地条件多变，且需要与器材进行结合，故把握冬季项目运动规律，不仅要把握运动员身体机能等数据，也要结合这些外部条件进行把握。

雪上项目雪上能力是关键，在实验室进行的相关测试只是基础或模拟测试，更重要的体现运动员竞技能力和水平的测试应该在雪上实地进行。就实验室测试而言，如何利用现有的仪器充分结合专项形成能够体现项目特征的。克罗地亚高山滑雪队伍充分利用生物力学研究方法，利用 GYKO 和 Optojump 等测试仪器采集运动员在实验室测试中平衡和爆发力相关参数，以提供基础的评价。同时，结合高山滑雪特点，因为需要非常快的反应速度，所以在高山滑雪的训练当中，有很多实验室模拟测试和模拟训练，另外还有一部分的测试是在雪上进行的。

对于运动员在雪上的表现进行分析，一般传统的方式是在滑道的终点放置摄像机或者用长焦来追踪运动员的动作，但这种方式有很大的弊端，只能从一个点上看到片面的动作，再加上高山滑雪的运动模式，有高低起伏和森林。据此特点，克罗地亚高山滑雪队伍采用镜头跟踪，录像人员跟在运动员后面，可以较好地捕捉运动员的技术动作以及更多的运动细节。这一工作要求摄像人员有优秀的滑雪基础，对场地设置有充分的了解。除了录像之外，用 Xsens 记录运动员的运动学相关参数也至关重要，结合录像和 Xsens 相关数据判断运动员完成技术动作的发力情况，有利于对运动员的运动表现实现真实还原，进行精准的动作技术诊断。

三、他山之石，提供冬季项目发展新思路

（一）青少年培养

阿尔卑斯山地区等有良好冰雪运动条件地区的调查数据显示，如果孩子在 14 岁之前没有参加冰雪运动的话，将可能不再会参与冰雪运动。为了应对这种情况，2009 年 FIS 推出了“把孩子们带上冰雪”的计划，针对 10~14 岁的儿童，这个计划包括两个项目：①“雪娃”项目，由各国的滑雪联合会在全年中开展的雪上运动。②“雪上运动推广日”，定在每年 1 月的第三个周日。这项计划不注重某个单项雪上项目的推广，而注重让孩子们爱上冰雪运动。目前，“把孩子们带上冰雪”计划已经在 53 个国家举办了 6 483 场活动，近 320 万儿童参加了活动。有 50% 的 FIS 成员国都参与了这个计划，并举办了相关的活动。在这个计划实施过程中，跟冰雪项目有关的机构、组织，如滑雪学校、冰雪装备销售机构等都可以参与进来，从而大大促进了各个参与国家的冰雪产业的发展。

滑雪在欧洲广受欢迎，除了场地丰富外，完善的青少年培养体系也扮演了十分重要的角色，从青少年时期培养出来的兴趣不仅有助于青少年走向精英运动员，也有力地拓展了欧洲滑雪基数。以法国为例，法国各个滑雪站中有资质的老师会组织学生进行各种测试以确定学生的滑雪水平，这些测试在法国称为“星星”，每个星星对应着学生获得一枚奖牌。学生随时可获知自己的进步，同时也可以激励学生获取更多的“星星”，最高奖为“金星奖”。“星星”在各滑雪站之间互认，这样如果

家庭更换滑雪站，新的滑雪站教练只要看其拥有的“星星”便知其水平，以进行相应指导。

建立完善的青少年培养体系，充分发挥我国现有雪场的运行能力，让更多的青少年走进雪场，喜爱冰雪运动，增大冰雪运动基数是实现“三亿人参与冰雪运动”目标的重要途径也是我国今后冰雪运动发展的重要基础。

（二）教练员培养

为了培养登山运动人才和高山向导，法国于 1946 年成立了法国国立滑雪登山学校（ENSA），该校在登山和滑雪人才培养方面有着严格的培训、考核、认证体系，经过几十年的发展，已经培养了一大批国际顶尖的高山向导和滑雪人才。

该校有两大类课程，第一类课程旨在培养滑雪人才（滑雪教练分为两个学习层级，一类是具有一定专业水平的滑雪指导员，全部培养过程累积花费 435 小时，另一类是具有较高水平的滑雪教练，需在滑雪指导员课程基础上再累积花费 520 小时），每年能培训出约 350 个有资格认证的滑雪指导员。第二类课程是培养高山向导（高山向导的培训分为四个学习阶段，全部培养过程需要花费约 595 小时），每年能培训出大约 50 个有资格认证的高山向导。

其中，滑雪课程体系由两个相互衔接的学习层级构成，其中穿插了多个考核和实习实训的环节。具体而言：第一步是“学习资格考试”，主要验证学习者是否已达到学习该课程的最低技术水平（小回转考核）。第二步是“引入单板滑雪性课程”（总计两周课程，最多学习三年，属于培训的第一阶段），目的在于使通过“学习资格考试”的学员能够接受滑雪知识和技术的继续教育，以使其从高山滑雪初学者达到“Level 2”水平，并学习一些相关运动及基本安全观念的知识或技能。第三步是“欧洲测试”，测试内容为大回转考核。第四步是实习，学员需要在滑雪站进行为期 25 天的滑雪教练实习。第五步是“第一层级”（总计 4 周课程，最多学习3年，部分可再放宽1年），目的在于使学员学习高山滑雪“Level 2~4”的理论知识和技术，发展“Level 4”教学所需的技能，掌握一定的滑雪教学方法。在此之后，学员就已经成为一个中级水平的滑雪指导员。第六步是“第二层级”（总计5周课程，最多学习4年，部分可再放宽2年）。其中又分为四个小的阶段，一是“竞技教练员课程”（1周），二是在滑雪站进行为期25天的滑雪教练实习，三是“单板滑雪专家课程”（2周），四是“雪山区域安全教育课程”（2周）。在此之后，学员还需要通过“欧盟安全测试”，就可通过该校的教练员认证考核，并获得国家滑雪教练员文凭（State Diploma）。

对于教练员培训体系的完善保证了青少年从最初开始获得的就是正确的滑雪技术，有利于打好基础。不仅是滑雪，我国各个项目都应该借鉴这种教练员培训体系，让更多优秀的人才能够经过完整的学历教育走向基层，有利于扩大我国青少年体育人才基数，惠及“全民健身”和“奥运争光”两个战略。

此次法国学习，我进一步加深了对冬季项目的了解，从国际视野上看到了冬季项目发展的历史沿革和发展潮流，为我们积极投身2022年北京冬奥会的“科技助力”备战任务提供了宝贵的学习机会。我希望通过“请进来，走出去”的方法提高“科技助力”备战效率也让更多的同人成为冰雪运动的专家。

我国发展冰壶项目的对策

体能训练学院　魏宏文

北京体育大学于2018年8月6日—26日组织赴法冰雪项目专题研修班，本人有幸参加这21天在法国夏斗湖地区冰雪运动项目及奥林匹克相关产业的参观，以及与多位冰雪运动项目专家的学习和交流，对法国体育构架、冬奥会组织与管理、体育组织的构建与管理、滑雪俱乐部及滑雪站等机构有一个初步的了解。法国与我国在国家体制、经济制度、文化背景上有诸多的不同，但是他们关于冰雪运动的发展经验和做法对于我们来说有很强的借鉴意义，尤其是对于冰壶项目而言。

一、法国冰雪项目的发展及特点

（一）滑雪站和滑雪场产业的蓬勃发展

在法国的研修期间，我们对法国多地的俱乐部、滑雪场进行了参观，了解了各个场馆的运营及管理理念。法国冰雪运动的发展已有多年。法国大众冰雪运动的发展多以滑雪站为主，法国现有滑雪站300多家，运营范围广泛，包括各种运动场馆和休闲场所，根据季节的不同，滑雪站还开展夏季度假村，充分利用现有资源，设立多种休闲娱乐活动，根据不同的消费人群又分为不同等级的消费方式，如大众休闲服务和俱乐部专业训练。成熟的管理和运营及人性化的经营理念，形成了以滑雪站为导向的发展方式，不但大大提高冬季运动项目的大众化程度，而且大大拉动了一系列经济的增长。

（二）教练员的系统化培养

法国的所有滑雪教练都必须在著名的法国国立滑雪登山学校（ENSA）接受为期四年的培训。培训期间，参加培训的教练员不仅需要学习滑雪技术，还需要学习其他相关知识包括对雪的认知度、地理知识等。其中“山区知识”为所参加培训的教练员的必修课程，并经过三个周期的考试合格后，方可取得国家认证的执教文凭。ENSA 的任务是多样化的：第一，高山滑雪指导员资格证书的培训和认证工作；第二，高山向导资格证书的培训和认证工作；第三，滑翔伞教练资格证书的培训和认证工作；第四，第二和第三层级的高山滑雪救援队的培训工作；第五，运动生理监测和研究工作（主要包括对学员的医护、高水平运动员的生理监测、高地状况下运动员的身体训练与强化、ENSA 学员和山区救援医生等医疗训练四方面的内容）；第六，进行高山设备的检测；第七，提供高山运动类的相关文献；第八，构建山区国家安全监测体系；第九，为国家高山运动发展提供建议；第十，与相关组织展开国际合作。

（三）冰雪运动的现代化宣传

法国冰雪运动的发展得益于对大众进行的有力宣传，在法国民众看来，滑雪是美好的梦，他们要为美好的梦进行宣传。通常可采取与国际明星签约的方式，让他们为滑雪运动做宣传，他们的参与会给滑雪运动带来极高的人气，这无疑对滑雪运动推广起到了非常重要的宣传作用。夏斗湖当地的冰壶队教练介绍，冰壶虽然在法国有五六十年的历史，但仍然略显小众。滑冰场在冰壶项目的推广方面做出了努力。一方面，积极组织冰壶队员参加世界级赛事，现有两名队员将代表法国队参加2022年北京冬奥会的比赛；另一方面，日常通过冰场的每年80欧元场租费的会员制和18岁以下青少年免费或降低费用，来吸引顾客。另外，在每次冰球比赛和花样滑冰比赛期间，推广冰壶每次10欧元的试玩，逐渐让冰壶为大家所熟识。通过努力，冰壶已经有了40个常任的会员单位，从而扩大了冰壶运动的影响力。

二、我国冰壶运动的发展现状与对策

（一）抓住国家大力发展冰雪项目的良好契机

与夏季项目不同，我国的冰雪运动基础薄弱。自2022年北京冬奥会申办成功以来，我国进入全民“备战”状态，明确提出“全面参赛、全面突破、全面带动”的目标。带动“三亿人参与冰雪运动”工作机制，以增强人民体质、提高人民健康水平为出发点和落脚点，多家学校的冰雪相关学院也在申奥成功后相继成立；2015年10月25日，全国首家冰雪体育职业学院在哈尔滨成立，2016年4月15日，北京体育大学成立冰雪运动学院。北京将在中小学中创建冰雪特色学校，并在体育教学中纳入滑冰、滑雪等基础性冰雪项目。2015年开始，中国滑冰协会、中国滑雪协会、中国冰球协会和中国冰壶协会联合组织了多项赛事活动。冰雪教育的普及让“三亿人参与冰雪运动”的目标变得不再遥不可及。深入推动冰雪运动“南展西扩东进”战略，大力推广普及群众性冰雪运动，为举办一届“精彩、非凡、卓越”的奥运盛会增光添彩。

（二）我国冰壶运动的发展现状

冰壶运动起源于欧洲，在20世纪前期，冰壶运动在日本出现。1995年，冰壶运动才在我国出现。虽然我国冰壶运动起步较晚，但是竞技水平已跻身世界强国的行列。我国运动健儿分别在2008年女子冰壶世锦赛上取得亚军，2009年女子冰壶世锦赛上获得冠军，2014年索契冬奥会上男子冰壶队获得第四名的好成绩。我国冰壶的发展仍然面临许多问题：大众化程度低，专业和职业人才匮乏，缺乏专业场地，社会宣传力度小，运动员的训练缺乏专业理论的支持等问题。冰壶运动对于场地及设备要求较高，正规冰壶要采用苏格兰的花岗岩，仅冰壶费用就高达12万人民币，冰壶场地要求较高。冰的温度要在零下4摄氏度至零下7摄氏度之间，无霜，使用反渗透水或去离子水制冰，需要可调节的空气温度、湿度和露点等。制冰师要随时监测冰场的情况，及时处理各种遇到的问题。由于我国气候地理特点，专业的冰壶场地仅建在我国的北京、上海、哈尔滨等城市，高昂的费用及设备成为限制冰壶运动发展的主要原因之一。大众化基础差，我国现有的专业运动员不足百人，冰壶运动的后备人才严重匮乏，专业运动员的递送出现断层问题。我国的冰壶运动发展正处于初级阶段，对于冰壶教练的培训缺乏专业的培训体制，现有的冰壶运动教练多为退役运动员。对于冰壶项目的科学研究几乎寥寥无几，冰壶发展缺乏科学理论的支持。我国冰壶运动员的技术水平虽然较高，但是大多运动员仅凭经验，缺乏技术方面的科学支持，发挥不稳定。我国多数人不知道何为冰壶，大众基础差，缺乏有力的宣传。

（三）发展冰壶项目的对策建议

针对我国冰壶发展所存在的问题，结合我国的国情，借鉴法国冰雪运动项目的发展，对我国冰壶项目的发展提出以下对策。

1. 冰壶的大众化发展

从冰壶运动的宣传做起，形成可持续发展的战略，冰壶运动的普及可采用名人效应，借鉴法国拍摄系列影片等，对冰壶运动的规则或形式进行适当调整，使之更加简单，易于大众参与，使大众了解冰壶，特别是要带动青少年的参与兴趣。借鉴法国对冰雪运动的宣传，可以考虑进一步重视年轻人群体；其次是充分利用互联网对其宣传和推广；再有是针对年轻人都喜欢“追星”的现状，让国际著名的滑雪运动员参与推广也不失为良策之一。

2. 冰壶的青少年后备人才的培养

我国冰雪项目的发展应抓住2022年北京冬奥会的契机，夯实群众基础，重视对青少年的全面培养和发展，为我国冰雪运动的竞技人才输送更多储备力量。

3. 冰壶的专业化发展

（1）文化教育管理体系

在对运动员进行选材时，重视运动员文化知识的培养。冰壶运动就像冰上的国际象棋，不仅仅只是单纯的运动能力的表现，更考验运动员在比赛中的随机应变能力。高校可以设立专门的冰壶学院和学科（如北京体育大学将要设立的冰壶学院），重视冰壶的系统化培养，如可参照ENSA的培养方案，从根源上解决冰壶项目人才储备的问题。

（2）训练管理体系

法国竞技体育后备人才培养始终围绕促进青少年运动员的全面发展。借鉴法国竞技体育后备人才培养的科学理念与具体做法，结合我国的现实情况从基础选材、培养提高、精英培养做好后备人才的层层衔接，提高国家冰壶训练的竞技水平。训练方法要科学，重视冰壶运动员的体能训练，预防运动损伤，健全冰壶训练体系。

（3）科研服务体系

鼓励冰雪运动的科学研究及交流学习，理论与实践相结合，定期开展学术交流会议，重视冰壶训练方法的科学研究，使训练内容做到有据可依，促进运动表现的稳定发挥。

（4）后勤保障体系

冰壶设备昂贵，场地维护成本高。对于大众来说，参与冰壶运动的费用较高，这就需要国家的支持。我建议利用多元化投资，加快冰壶场馆设施建设，完善冰壶运动设施，进而建立较为完善的后勤保障体系。

法国高山滑雪救援和后备人才培养建设经验学习有感

运动医学与康复学院　黄鹏

2018 年 8 月 6 日—26 日，我有幸参加北京体育大学派出的冰雪项目骨干教师（教练员）赴法研修班，到法国完成了冰雪项目研修学习。在法国的北京体育大学夏斗湖校区，我们与资深的滑雪教练迪杰·拉丰、陈山龙、托米斯拉夫·克里斯特切维奇博士、国际滑雪联合会（FIS）总秘书长萨拉·路易斯女士、世界冰壶联合会主席凯特·凯斯内斯女士以及几位体育管理学和社会学方面的专家等冬季项目的专业人士进行了学习和交流，对冬奥项目的起源、发展和项目特点都有了全面的认识。后期，研修班在学习的基础上，我们又参观了第 16 届世界冬奥会的举办地阿尔贝维尔的奥运纪念馆和体育运动中心、第 1 届世界冬奥会举办地夏莫尼的全球认证的法国国立滑雪登山学校（ENSA）、梅杰夫体育运动中心、伊泽尔谷滑雪场及体育运动中心、圣热尔韦勃朗滑雪度假胜地及体育运动中心、蒂涅滑雪场等，亲身体验了法国对冬奥会赛后场馆的开发利用。我们更进一步体会到西方发达国家对体育运动开展从儿童抓起的教育意识，以及对奥运遗产和场馆管理方面的先进经验，这些都值得我们认真学习借鉴，办好即将到来的 2022 年北京冬奥会。

作为一个在运动队做医疗保障服务多年的运动康复工作者，我更关心的是滑雪项目的高山救援项目的开展和后备人才培养问题。

第一，高山滑雪救援是滑雪项目比赛和训练顺利进行的必备条件，也是一项最有力的保障措施。在学习过程中，迪杰·拉丰教练就这一点进行了详细的描述。滑雪运动是一项挑战极限、挑战自我的运动。通过百年来的大赛组织和经验积累，在比赛中已经划定有严格的规则和安全保障措施。但是由于坡面陡峭、雪面光滑，滑行的速度极快，还是会有一些运动员发生各种意外。高速滑雪状态中的动作变化和受力方向的改变，以及偶尔的失误造成的摔伤、拉伤、扭挫伤等，都会给运动员带来严重伤害。更有甚者，还有一些越野滑雪爱好者，甚至是世界大赛中的部分运动员，会出现有意跨出安全警戒线，去滑“野雪”等，也会出现很多意外。因此，及时、有效的医疗救护非常重要。

2016 年，因滑雪引起的风险事故达 15 万起。滑雪运动员的运动损伤多发于头部、腰背部、膝关节和踝关节等部位。可见，滑雪的损伤也有其固有的特点，虽然以下肢的动作为主，但踝关节部位由于和雪板固定得比较紧密，发生损伤概率是相对膝关节减少了很多；反之膝关节在扭转屈伸各方面的活动较大，损伤明显增多。其中，前交叉韧带损伤（ACL）最为多见，而且大部分都需要进行重建手术，也成为运动医学及运动康复的一个主要课题。

这些滑雪项目常见的损伤发生部位、损伤机制、伤情评估、紧急处理方法等都是高山滑雪救援人员应当充分了解的。

第二，由于滑雪场地处于野外高山，医疗救护难度明显增大，也对医疗救护人员提出了高要求。这就要求高山救援人员能够及时赶到伤者所在地，并在现场快速安全地进行损伤的初步处理后，能够安全稳妥地将受伤人员送下山，送抵医院进行进一步治疗和处理。这就首先要求高山救援人员精通滑雪技术，尤其是急停急转等技术动作都要稳定而娴熟，而且某些情况下要抬着担架，双人配合，共同滑雪行动，完成转送任务。另外，要掌握现场救护的基本知识和技能，掌握现场判断伤情、评估伤势，并能准确有效地进行现场救护之后，再进行安全转运的方法。基于此，高山救援人员不一定是医生（Clinical Physician）或物理治疗师（Physical Therapy），事实上大部分是运动防护师（Athletic Trainer）或者经过培训的滑雪运动员、爱好者等。这样更能发挥快速处理、高效救护的优势。

第三，人员培训方面，陈山龙教练和迪杰·拉丰教练都提到了在法国滑雪培训的体系中，专门设置了对高山救援人员的培训内容。后期在夏莫尼的 ENSA 的参观交流中，校长埃尔韦·约瑟伦先生和尼古拉教练也介绍了滑雪培训学校的项目中后期有 2 周的时间进行救援培训。主要的内容是现场救护的方法技术培训，这是在基于前面几个月甚至几年的滑雪培训基础上，学员已经精通滑雪技术的基础上完成的。这样，高山滑雪救援达到了滑雪技术和救援技术两方面的结合，才能高效完成难度极大的高山滑雪医疗救护任务。

通过多年的实践和经验积累，法国已经逐步形成了具有代表性的后备人才培训体系。埃尔韦·约瑟伦先生介绍了 ENSA 的任务是多样化的，除了高山滑雪指导员资格证书的培训和认证工作，还包括高山向导资格证书的培训和认证工作，以及高山滑雪救援队的培训工作；甚至还有一些运动生理监测和研究工作（主要包括对学员的医护、高水平运动员的生理监测、高地状况下运动员的身体训练与强化、ENSA 学员和山区救援医生等医疗训练四方面的内容）。这种培训体系非常有借鉴意义。

第四，高山滑雪的场地服务要非常到位，赛道服务和赛道养护员需在滑雪场每天开放前明确标记安全区域，特别是要对可能出现雪崩的区域以醒目标识警示，严禁滑雪爱好者入内。在比赛期间，严格管理滑雪道和观赏区，减少越线的滑雪者，防止发生意外。

第五，高科技的应用增加了高山滑雪救援的效率，救助成功率明显提高。这一点在雪崩时的高山滑雪救援方面最为明显。

首先，高山滑雪运动员和爱好者都要熟悉头盔、护肘、护膝，甚至肌内效贴等各种防护装置，这是保证训练和比赛安全的基本条件。这些防范措施也确实可以在出现摔倒、轻微扭挫伤时达到防护的效果，故防护装置是必须佩戴的。但并不是有了这些护具就可以万事大吉，还是有出现意外的可能，不可掉以轻心。目前，在科技进步的推动下，带有传感器芯片技术的护具鞋垫等既有防护治疗的效果，又可实时监控人体机能数据和训练比赛成绩，甚至有 GPS 定位的功能，这都增加了高山滑雪救援的成功率。

其次，让滑雪爱好者随身佩戴 GPS 装置，并连接性能良好的发射器，以便在发生意外或者雪崩时能及时定位搜索，尽快发现受伤人员。伤员的转送在条件允许的情况下，也争取到了高山救援队的警用救援直升机等的参与，保证了伤员能被快速高效地转送战地医院或临时医疗点，及时得到救治。

另外要注意，通常人们会认为雪崩只会发生在高山陡坡上。但事实并非如此，由于积雪厚度不同，有些缓坡上也可能发生雪崩。一旦发生雪崩，一般先由同组人员帮助寻找，如果不能及时找到，则会立即启用专门进行搜救的警犬，协助完成搜救工作，争取在半小时内找到受伤人员，否则可能出现生命危险。雪崩时的搜救工作主要由法国内政部下属的高山宪兵队（高山国家警察）担任，如果需要救援的人员较多则还需要消防人员参与，如遇到特别严重的事故会动用 30~50 人参与。

第六，正确的滑雪技术动作训练是提高滑雪动作标准性、获得最佳运动表现、减少自发性损伤的基础。陈山龙教练详细地讲解了滑雪的训练方法和生物力学原理，对我国备战冬奥会有很多值得借鉴的地方。室内的滑雪模拟训练，即将成为我国备战冬奥过程中的一个重点发展环节。跨界跨项选材之后的一个重要任务，就是尽快让运动员熟悉滑雪项目动作要领和技术特点。我国备战冬奥的许多选手都是从夏季项目转型而来的，在室外雪场的训练重点在于培养雪感，熟悉器械和装备的使用，掌握基本的技战术要领。大量的精力还是要训练基础技术动作和基本身体素质能力，这样室内的模拟训练就成为训练滑雪技术动作的主要手段。室内训练的优势在于高度模拟滑雪实景的同时，还可以使用精密的实验室设备，监测技术动作的细节和实时监控人体基本生理生化指标的变化，可以根据技术动作训练的结果，总结分析，找到薄弱环节予以强化训练。室内训练密切配合各项针对性的陆地训练，如平衡能力、本体感觉训练、力量训练等，也能起到更好的效果。因此，正确的滑雪技术动作训练需要室内外训练方法密切结合，借助室内模拟设备，达到训练效果。

总而言之，高山滑雪救援项目是冬奥会以至于冬季项目比赛、训练、健身娱乐各方面的重要保障项目。做好高山雪场救援项目相关的后备人才培养和志愿者技能培训，对顺利完成2022年北京冬奥会任务来说至关重要。